MAMAZUIXIANG SONGGEI QINGCHUNQI NüHAI DE LIWU

妈妈最想送给青春期女孩的礼物

陈艳◎编著

中国物资出版社

图书在版编目（CIP）数据

妈妈最想送给青春期女孩的礼物 / 陈艳编著 .—北京：中国物资出版社，2011.6（2013.11 重印）

ISBN 978－7－5047－3830－1

Ⅰ.①妈… Ⅱ.①陈… Ⅲ.①女性—青春期—家庭教育 Ⅳ.①G78

中国版本图书馆 CIP 数据核字（2011）第 054671 号

策划编辑 李慧智　　**责任印制** 方朋远

责任编辑 李慧智　　**责任校对** 孙会香　饶莉莉

出版发行 中国物资出版社

社　　址 北京市丰台区南四环西路 188 号 5 区 20 楼　　**邮政编码** 100070

电　　话 010－52227568（发行部）　010－52227588 转 307（总编室）

010－68589540（读者服务部）　010－52227588 转 305（质检部）

网　　址 http://www.clph.cn

经　　销 新华书店

印　　刷 北京京都六环印刷厂

书　　号 ISBN 978－7－5047－3830－1/G·0528

开　　本 710mm×1000mm　1/16

印　　张 11.75　　**版　　次** 2011 年 6 月第 1 版

字　　数 228 千字　　**印　　次** 2013 年 11 月第 4 次印刷

印　　数 14001—17000 册　　**定　　价** 24.80 元

前言

某一天当你开口说话时，你发现嗓音突然发生了变化，有点沙哑、有点走音，这时，你能否意识到自己已经长大，已经进入青春期了呢？

低头看看你的胸部，是不是已经微微隆起？想一想是不是曾经有一天，你的内裤上沾满了血迹或是白色的东西，你因此而感到恐慌，甚至怀疑自己生病了？其实这些都是你进入青春期的表现，你应该为自己身体的变化感到欣喜，因为你已经是一个大姑娘了。

在生命的长河里，每个青少年都会经历一个特殊的时期——青春期。青春期是一个过渡时期，是你由少年向成年过渡的时期；青春期是一个发展时期，是你身体发育成熟的时期；青春期是一个变化时期，是你身心变化最为迅速而明显的时期；青春期是一个反抗时期，你拥有强烈的独立意识、反抗意识；青春期是一个负重时期，你承担着学习的压力和父母的期望，还要应付各种成长过程中的问题。

然而，青春期有的不只是紧张不安，更有惊喜不断——身体在悄悄变化，预示着你由一个懵懂孩童变成了美丽少女；青春期有的不只是鲁莽冲动，更有细腻敏感——你的心智慢慢成熟，越来越关注自己，越来越重视别人的评价，越来越渴望独立和自由；青春期有的不只是矛盾困惑，还有怦然心动——关于异性的小秘密，你是那么好奇，你是那么希望与异性接触，还有不自觉的性幻想，令你兴奋而紧张。

像很多青春期女生一样，在你没有了解青春期知识之前，当碰到青春期困惑时，若你没有勇气向妈妈请教，这就很容易误解自己的生理、心理、行为等方面的变化。因此，我们完全有理由说青春期是一个复杂的时期，但如果你了解了自己生理、心理、行为等方面的秘密，就会发现青春期其实是一个简单的时期。

本书就是着眼于青春期女生羞于向妈妈启齿的秘密问题而问世的，它是忙于工作和家务的妈妈对孩子进行性教育的好帮手，也是青春期女孩了解自己、读懂自己秘密的知心朋友。本书的特色在于在每个青春期故事后面都针对性地附了妈妈写给女儿的温馨信件，每封信里都流露出妈妈对女儿的爱和关怀、指导和帮助，就像妈妈和你面对面谈话那样温馨，又很好地避免了面对面交流时的尴尬，让你在阅读的时候，感受一份来自母亲的暖暖的爱。

本书从生理、心理和行为三个方面，对处于青春期的女生进行了深入的剖析。对于忙碌的妈妈们来说，把这本书送给女儿，那是再好不过的礼物。它既能减轻妈妈们对女儿进行性教育的压力，又能使女孩们在了解青春期知识时不再羞涩和难堪。可以说，有了这本书，女孩在青春期遇到的诸多问题就可以轻松解决了。

编　者

2011年4月

目录

Part1：生理上的秘密

Part2:心理上的秘密

Part3:行为上的秘密

Part1：生理上的秘密

SHENGLISHANG DE MIMI

随着生理期的变化，许多青春期的女孩，对身体的种种变化既感到高兴，又感到害怕，高兴的是自己长大了，害怕的是：这些现象都是正常的吗？

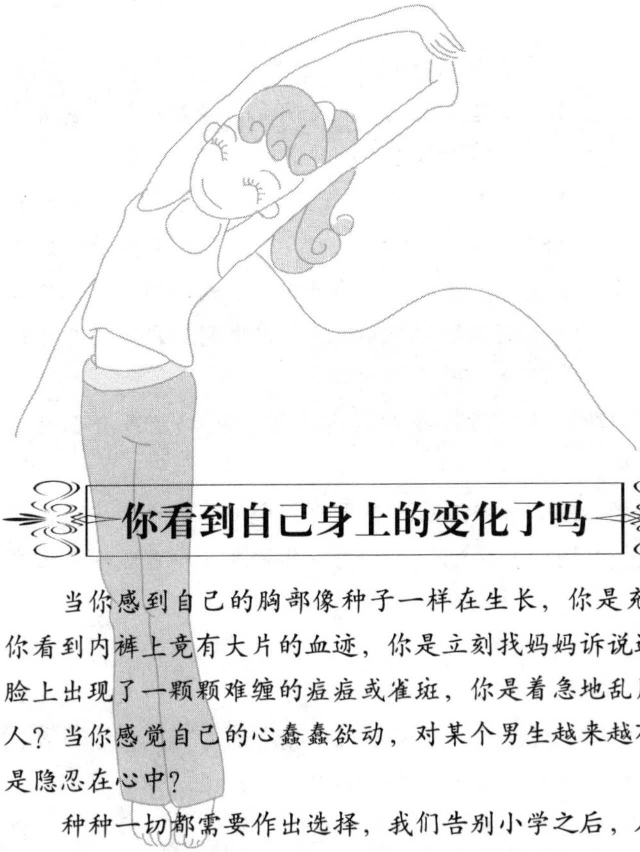

你看到自己身上的变化了吗

当你感到自己的胸部像种子一样在生长，你是充满好奇还是感到害怕？当你看到内裤上竟有大片的血迹，你是立刻找妈妈诉说还是独自一个人面对？当你脸上出现了一颗颗难缠的痘痘或雀斑，你是着急地乱用护肤品还是理智地请教别人？当你感觉自己的心蠢蠢欲动，对某个男生越来越有好感，你是会冲动表白还是隐忍在心中？

种种一切都需要作出选择，我们告别小学之后，人生的十字路口好像越来越多。不过，不要害怕也不要忧虑，此时的你只是进入了青春期。

青春期是继婴儿期之后人生第二个生长发育的高峰，这个时期，人体生殖器官逐渐发育成熟并初步具有繁殖能力。一般来说，女生的青春期比男生早，从10～12岁开始，由于个体差异很大，通常人们把10～20岁这段时间统称为青春期。

女生的青春期是以月经的第一次出现为标志的，初潮来临后，女生的性机能便逐渐从不成熟向成熟过渡，同时，这也是一个孩子由儿童向成年的过渡时期。由此可以看出，青春期主要是以生理上的性成熟为标志而划分出来的一个阶段。

身处青春期，你会看到自己的身体有了四个方面的改变。

(1) 第一性征出现：随着卵巢发育与性激素分泌的逐步增加，生殖器各部会有明显的变化，这被称为第一性征。此时，外生殖器会从幼稚型变为成人型，阴阜隆起，阴道的长度及宽度增加，阴道黏膜变厚大，阴唇变肥厚，小阴唇变大且有色素沉着。

(2) 第二性征出现：指的是除生殖器官以外，女性所特有的征象，比如胸、肩部的皮下脂肪增多，乳房开始隆起，出现腋毛及阴毛，骨盆横径的发育大于前后径的发育，出现腰部曲线，女性的体态美开始显露出来。

(3) 月经来潮：月经初潮是青春期开始的代表性标志。大多数女孩子在12～14岁时经历第一次月经，月经的周期一般为28～30天，每次来潮的经期为3～7天。不过，因为卵巢功能尚不健全，女生在初潮来临后，月经周期是不规律的，有时2～3个月来一次，有时一个月来2次，这要经过逐步调整才能使其变得正常。

(4) 全身发育：从头到脚，身体每一个部位都会发生或明显或微小的变化，总之就是会逐步发育完全。

随着生理的变化，女生的心理和社会活动也会跟着起变化。因为这些变化，青春期又变成了叛逆、自我、另类、非主流的代名词。具体来说，青春期女生主要会存在下列几种情况：

(1) 叛逆

曾经有人把青春期称为“消极反抗期”，是指随着青少年身心的逐渐发育和成熟，他们会对生活采取消极反抗的态度，否定以前培养起来的一些良好品质。这种反抗被家长和学校称为叛逆。叛逆有大有小，偶尔的小叛逆，如果不严重，是无伤大雅的。但是对于那些因观念错误而产生的叛逆就要及时地纠正，不要造成一失足成千古恨的悲剧。

(2) 情绪波动大

由于身体的变化，青春期女生总是会有不适应的感觉，当这种感觉越来越浓重时，她们的情绪就会变得起伏不定。可能前一分钟还是笑靥如花，后一分钟就因为同学的一句玩笑话变得阴云密布，也可能明明喜欢某项东西，却因为别人的反对意见而变得憎恶不已。

(3) 自我

青春期女生为了表现出自己长大了，会特别注重自己的独立意识，她们不会再像小时候那样什么事情都摊开在父母面前，而是更喜欢拥有自己的独立空间。当父母在生活和学习上对他们说出自己的想法后，她们会感到厌烦，觉得自己被束缚住了。

(4) 对异性向往

青春期女生由于性的发育和成熟，会不自觉地想要吸引异性的注意，并产生与之交往的渴求。为了吸引异性注意，她们会更加在意自己的外表或是举止，一言一行都希望能表现出最好的自己。有的女生会忍不住写情书给男生，甚至为了喜欢的男生而改变自己。

(5) 冲动

在青春期女生中，经常会听到“绝交”这样的词汇，明明是多年的好朋友，却因为一时冲动说出了伤人的话，这样，最终后悔的还是自己。青春期女生在生气时一定要提醒自己，不要因为一时冲动而破坏了你和同学之间的情谊。

(6) 另类

青春期女生会对一些传统的、权威的结论产生怀疑，会对传统的生活方式感到厌烦。

(7) 想表现出成熟感

告别了稚嫩的童年，很多青春期女生觉得变成熟是一件很值得骄傲的事情。所以，她们常常会在行为活动、思维认识、社会交往等方面故意表现出成人的姿态，希望能够得到别人的尊重和认可。但由于年龄不足、社会经验和生活经验的缺失，她们的内心天真和幼稚的成分还是很重。由于内心幼稚和外表追求成熟的矛盾，她们会盲目地做出一些傻事、蠢事。

总体来说，青春期女生的心理常常是矛盾的。她们有时满腔热情，有时又自我怜惜；有时信心满满，有时又沮丧失落。而这些都是因为对现实缺乏客观、全面的认识，过于理想主义造成的。

但是，不能因为青春期女生年龄小、不成熟，就嘲笑她们是生活在温室的花朵，其实，青春期女生身上也承担了很多义务。首先她们多处于中学阶段，要面临大大小小的考试，内心承受着巨大的学习竞争的压力。当节假日大人们都休息时，不少青春期女生还要补课、学琴、学画或者学舞蹈。尽管心理不稳定，但是在面对各种社会关系时，却要不停地提醒自己，要克制，要按照父母、老师教导的去做。因此，青春期的女生需要更多的关怀和呵护。

妈妈最想对你说的话

亲爱的女儿：

首先恭喜你走出了童年，在一步步向着成年迈进。转眼间，你已经是名中学生了，脱去了童年的稚嫩，现在的你更像是妈妈的贴心小棉袄。不过，你这个小棉袄偶尔也会有让妈妈感到寒冷的时候。

还记得吗？有一次吃饭，只因为妈妈没有做你最爱吃的清蒸鱼，你就摔了筷子钻进了自己房间。还有一次，爸爸妈妈因为加班没时间带你去旅游，你就板着脸跟我们冷战了三天。看着你那冷漠的样子，妈妈心里真的难过极了。

其实，妈妈是很理解你的。青春期的你，有着属于你们这个年龄段的叛逆和固执。对于你的变化，妈妈不想过多干涉，但也不会置之不理，我希望我们能一起努力，让你健健康康地度过自己灿烂的青春期。

首先，妈妈想就你的身体发育情况给你一些建议：

(1) 第一次月经来临时不要惊慌。每个健康的女孩都会经历初潮，这是你进入青春期的标志。

(2) 当乳房在慢慢发育时要善待它。乳房发育良好与否会影响到女人的整体体态，如果不想破坏掉自己的体态美，就放弃那些束胸、紧身的衣服。

(3) 当身体不舒服时要赶快说出来。当你的第二性征出现后，你可能会出现白带异常、胸部肿痛等现象。这时你不必惊慌，要及时告诉妈妈，妈妈会帮助你解决这些问题。

(4) 注意保持卫生。如果不注重卫生，就会使细菌滋生，从而导致各种疾病的产生。尤其是在月经期间，更要注意。

(5) 多吃水果蔬菜。蔬菜和水果中一般都含有丰富的维生素和人体所需的各种矿物质，现在的你正处于长身体的时期，多吃这些东西，会让你保持健康和美丽。

接下来妈妈要指出你在青春期可能会遇到的问题：

(1) 因为叛逆而做傻事。青春期的你，往往分不清什么是对的，什么是错的。在一些不健康的电视、杂志的影响下，你可能会对饮酒、吸烟或者逃学产生兴趣。也许，你并不是很热衷这些事情，而是把它们当成了一种时尚。妈妈要告诉你，一定要杜绝吸烟、饮酒、逃学、说脏话、不尊重长辈等错误的行为。所谓一失足成千古恨，人生只有一次，一旦卷入错误的生活，你就很难全身而退。你应该多和家长、老师沟通，让自己的人生航帆始终朝着正确的方向前进。

(2) 太在意脸上的瑕疵。也许你不同意妈妈说的，女人不因美丽而可爱，却因可爱而美丽。但是，妈妈想要你知道，所谓的青春痘、小雀斑都是青春的象征。你不必整天花心思在一些偏方上面，只要你每天多吃含维生素C和维生素E的食物，雀斑会慢慢淡化，青春痘也会有所减少。如果这些食物不能帮助你，妈妈会帮你制订合理的治疗计划。

(3) 不能正确对待和男同学的关系。青春期是性心理萌芽期，你在这个阶段关注异性并且希望得到关注的心理是正常的。但是，我希望你能摆正自己的立场，要明白现阶段最重要的任务是学习。你可以和男同学保持纯洁的友情，不过，你应该向那些品学兼优的男同学看齐，学习对方身上的优点。在青春年少时，只有自强不息、洁身自爱，才能最终获得别人的爱护和尊重。

(4) 无法控制自己的情绪。青春期是一个人性格形成的最重要阶段，情绪的波动过大会让人变得任性、没有主见。希望你能够在日常生活中不断磨炼自己的意志力，在情绪出现波动时，及时克制自己负面情绪的滋长。

(5) 依赖心理强。心理学家称青春期是“人生的第二次诞生”，同时，青少年在这个时期也会遇到危机。你们从小习惯了在父母的羽翼下生活，当身体渐渐变得成熟，你们会有一种想要独立的意识，但是在各方面又离不开父母的保护。我希望你能真正从心理上独立起来，凡事不要想着依靠爸爸妈妈，多动手做一些自己力所能及的事情。

最后，妈妈要表扬你的优点：

(1) 变得自觉。每天回到家，不用爸爸妈妈提醒，你都会先写完作业再去玩。这样很好，证明你是个分得清主次的人。

(2) 主动性强。你比小时候做事更加主动，会主动帮助爸爸妈妈分担家务，主动提出自己的想法。我希望你能坚持下去，因为在这个社会上，只有主动才能不断进步。

(3) 有自己独立的思想。当爸爸妈妈对你说出我们的想法后，你没有直接拒绝，而是及时地把自己的想法说了出来，这很好，表明你有自己的思想，不会被别人牵着鼻子走。妈妈希望你以后能继续坚持，同时也要保持一颗谦虚的心，能听得进别人的意见。

(4) 懂得说“不”。妈妈很欣慰你能礼貌地对别人说“不”，这证明你不是一个没有主见、一味迎合别人、讨好别人的人。人和人之间总会有想法不一致的时候，当你觉得别人的请求不合理或是你不能完成的时候，说“不”是最明智的。

说了这么多，只因为妈妈想让你能一步一个脚印地顺利走过自己的青春期，希望你能爱惜自己，珍惜自己宝贵的青春！

——爱你的妈妈

胸部为何会凸起小花蕾

梦琪是一名初一女生，最近，她心事重重。其实说起来也挺奇怪的，不知怎么搞的，前段时间她的胸部有点疼胀感，摸上去感觉里面长了一个硬硬的东西。可现在，胸部不光有点疼，而且还有明显的隆起。她非常担心自己是不是生病了，因此闷闷不乐。

一天晚上，梦琪偷偷地把妈妈叫到自己的房间，硬着头皮向妈妈说起了胸部肿痛的事。妈妈知道这件事后，不但毫无担忧，反而高兴地说：“我的女儿长大了，只要是女孩都会这样的。从现在开始，你就是大姑娘了，你的身体正积极准备着呢。”“真的吗？胸口鼓起来就表明我在长大吗？”梦琪疑惑地问。

妈妈告诉梦琪，等胸部长成之后就不会再疼了。胸部肿痛的事终于真相大白了，梦琪明白胸部逐渐变大是每个女孩子必须经历的过程，妈妈是这样，她也是这样。

乳房是女性的哺乳器官，也是女性最明显的标志之一。当一个女孩进入青春发育期时，她身上最先发育的是乳房。这是因为人的体内有一种激素，到了青春期便开始活跃。女生在青春期，体内的雌激素明显增加。在体内雌激素的影响下，女孩的乳腺开始发育。这时乳房内除了许多细长的乳腺管不断发育外，还积累了不少脂肪，由于乳腺组织较硬而脂肪组织较柔软，所以乳房会日渐隆起，而且富有弹性，成为女性成熟的标志。

乳房的主要功能是通过奇迹般的化学变化，把血液变成乳汁。每个女孩乳房发育的时间是不尽相同的，有早有迟。乳房的大部分成分是脂肪组织，随着脂肪堆积加厚，乳房开始膨胀。同时，乳头长大，乳头周围的红色晕圈呈现色素沉着。

乳房是由乳腺和脂肪构成的。乳腺能分泌乳汁，脂肪则是保护乳腺的。人体的乳房大部分是脂肪。所以，只要摄取了充分的营养，乳房中的脂肪就会增多。有些少女为了拥有苗条的身材，经常不吃饭或节食，这就容易妨碍乳房的正常发育。

有些女孩在发育之前不太注意自己的乳房，所以当有一天你发现自己的乳头变得明显而突出，整个乳房也变大时，会感到害羞和不自然。有些女孩在洗澡的时候，会忍不住一次又一次地去挤压它，好让它缩回去，但是这样根本没用。

乳房开始发育后，女孩关注的主要问题包括乳房的形状和大小、乳头的凹陷与凸出、乳晕周围是否有毛等。关于乳房的形状，每个人都基本相似，但肯定会存在细微差异，不足为怪。有的女孩发觉自己两个乳房大小不一，其实这是很正常的。习惯用右手的人，右胸的肌肉自然会比较发达，右边的乳房自然也比左边的乳房大点儿。

在乳房开始长大的时候，乳头上会出现一些白色的像乳汁一样的分泌物，这是发育的正常现象。在青春期，乳腺不断发育，每个成熟的乳房有15～20叶乳腺，将分泌物排到乳头。乳头旁的乳晕有细膜组织，有汗腺和皮脂腺，对刺激特别敏感，所以当你发觉有分泌物时，应用棉质毛巾轻轻拭去，不要挤压而令其受创。

妈妈最想对你说的话

亲爱的女儿：

妈妈很高兴看到你身体发生了变化！知道吗？青春期乳房发育是非常正常的生理现象，鼓起来的胸部是美丽的标志，是你从一个“小姑娘”变成“大姑娘”的第一步。女孩子到了一定的年龄，乳房就会开始发育。所以，胸部出现的两个小包包不必担心，那是你的乳房在长大，因此你不必紧张不安，而应该为自己的发育感到高兴。

当然了，你应该关注自己乳房的变化，要比以前更加注意保护它，使其避免一切外来伤害。刚进入青春期的你，没必要太过担心自己的胸部大小，只要你保持愉快的心情，注意合理饮食，你的身体就会逐渐发育完善，你的乳房自然会发育正常。如果你希望拥有丰满的胸部，就要随时保持抬头挺胸，这样会不知不觉中促进胸肌发达，使你的乳房曲线优美。

在乳房发育过程中，如果你的乳房出现疼痛、肿块等现象，要及时告诉妈妈，并让妈妈带你去看医生。

——爱你的妈妈

该穿什么样的文胸

笑霜正在上初一，班里的好多女孩都进入了青春期，她也如此。有一天，她发现班里好几个女孩子在一起有说有笑，就过去凑热闹，一听才知道她们在一起谈论“文胸”，大家你一言，我一语，说选什么样的文胸好，有的女孩说要选颜色鲜艳的、性感的，有的女孩则说要选穿起来舒适的，还有的说要选大一点的文胸，那样对乳房发育有好处……

笑霜听得一愣一愣的，因为她的妈妈在外地工作，根本没有跟她讲有关青春期的知识，她是从同学那里得知初潮知识的，关于什么时候穿文胸，选择怎样的文胸，她感到很茫然，于是打算放学的时候请教好朋友雯雯。

在随后的一个周末，雯雯拉着笑霜去超市买文胸，当售货员伸出双手去比她的胸围时，她羞得脸通红，一直往后躲。回到家里后，她一个人躲在卧室里，对着镜子穿文胸，感觉很美妙，又很奇怪。从镜子里，她看到了一个窈窕的少女，她反复问自己：这就是长大的标志吗？

第二天，笑霜上学时特意穿了一件宽松的上衣，但还是觉得有无数双眼睛在盯着自己看。晚上回到家，她发现肩膀上出现了两道明显的痕迹，用手指小心地摸了一下，发现并不疼，但感觉很奇妙。

笑霜的第一件文胸穿了三天，洗完之后，她犯难了，因为她不知道往哪里晾。她不敢晾在阳台上，她怕被人家看到，她不敢晾在卫生间，那样会被爸爸看到，后来她竟然把文胸挂在自己的衣橱里。

几天之后，妈妈回家了，她给女儿讲了很多青春期的知识，还对她说：“以后把洗干净的文胸挂到阳台上去吧，没事的。”可笑霜马上说道：“不行，不行，那样我觉得自己的一部分被晾在了外面。”听了笑霜的话，妈妈继续耐心地开导她，最终她明白文胸也是衣服，无须给它加上特定的色彩。

女孩进入青春期后，胸部就会开始发育最初像荷包蛋大小的时候可以穿背心，只要能盖住突出的乳头就好。而随着胸部的发育，就应该考虑穿文胸了。因为乳房没有肌肉组织，只有乳腺组织和脂肪，如果乳房充分发育后不戴文胸，对乳房是不利的。因为健美的乳房需要特殊的保护，及时佩戴文胸便是理想而简便的保护方法。佩戴文胸能支持和衬托乳房，使其血液循环通畅，有助于乳房的发育；还可减少行走、运动和劳动时乳房的摆动，防止乳房松弛下垂；并促进乳房内脂肪的积聚，使乳房更丰满，还可以弥补乳房过小的生理缺陷。

佩戴文胸不仅能体现女性特有的曲线美，而且对身体健康也有好处。但使用不当，也会影响身体健康，因此，科学地选戴文胸是很有必要的。目前市场上文胸的种类很多，可以根据自己的体形、胖瘦、季节和乳房发育情况进行选择，并以选择质地柔软、透气性好、吸湿性强的棉布制品为好。文胸吊带的长短也要合适，并且要宽一些（不窄于2～3厘米）。

特别要注意的一点的是，青春期的女孩切勿为了达到形体美或因为害羞而选择束胸的文胸、紧身的内衣。内衣或者文胸使用不当，比如说尺寸过小、过紧，都会引起乳头凹陷。

理想的文胸应该是在人体活动时刚好能托起乳房，能尽量限制乳房的活动而不影响呼吸，取下后皮肤上不应留有压迫的痕迹。因此，当你去商店购买文胸时，应先测量一下自己的胸围，即用软皮尺沿两侧乳房的下缘绕胸一周测量，这个尺寸即是应买文胸的尺寸。文胸大小要适中，如果过小，会压迫乳房和乳头，影响呼吸和胸廓、乳房的发育；而文胸过大，则达不到支托、保护乳房的作用。此外，睡觉时应把文胸取下，以免影响呼吸和血液循环。

妈妈最想对你说的话

亲爱的女儿：

不知道你以往是否留意，在商场里，一般都有女士专区。在一片姹紫嫣红的内衣世界里，许多女性在那里流连忘返，她们瞧瞧这件，摸摸那件，乐此不疲地试穿，兴致盎然。今天，你也到了该穿文胸的时候了，因为你已经是大姑娘了。

拥有第一件文胸的感觉是不是很特别呢？我想在大多数人看来，第一次戴上文胸是一种成人礼。因为从那以后女孩子开始换种心情去对待那个部位，偷偷地用“骄傲”取代“羞怯”，开始半遮半掩地展示，在某种意义上，那是另一种开始。

文胸是女孩儿最贴心的好伙伴，它呵护着我们的身体，呵护着我们胸前的宝贝，还让我们更美丽。文胸对我们很重要，乳房是向外生长的器官，但是里面并没有肌肉组织去支持它。随着青春期乳房体积的增大，就要及时选择合适型号的文胸，把乳房托起来，让它保持比较好的形态。

戴文胸也有学问。文胸不能过紧，过紧了会压迫乳头，使乳头下陷，给今后哺乳带来困难；文胸背带不要过窄，也不能过短，要有松紧带或调节纽扣；运动时可以略紧一些，运动后放松；晚上睡觉时要把文胸取下来，以保证睡眠时呼吸顺畅，血液流通。

文胸最好选用普通棉布的，因为它透气、吸汗、不刺激皮肤。填充海绵的、带半个钢丝圈的定型文胸不适合青春期少女，因为它会限制乳房的发育，使血液循环不畅，引起乳房疼痛。

——爱你的妈妈

胸部大小不一样怎么办

夏菡最喜欢夏季，因为每当夏季她就可以穿漂亮的花裙子，就感觉自己是一个漂亮的公主。可是那年夏天，她担心自己当不成小公主了。因为她已经进入了青春期，最关键的是她发现自己右边的胸部比左边的胸部稍微小一点，两边有些不对称。冬天穿厚衣服的时候可能显现不出来，但是夏天穿薄薄的裙子，就很容易暴露这个怪异的缺点了。这该怎么办呢？

巧的是妈妈刚逛超市回来，给夏菡买了一条漂亮的裙子。要是过去，夏菡肯定会高兴得不得了，可是现在她却高兴不起来。晚上，夏菡心不在焉地坐在书桌旁，妈妈走过来关切地问：“夏菡，妈妈买给你的裙子喜欢吗？怎么了，我看你有点不高兴啊！”

夏菡叹了口气，就对妈妈说：“妈妈，你真是火眼金睛啊，我有一点心事你就看出来了。我发现了一个奇怪的现象，我右边的胸部比左边的胸部小一些啊，我现在都不敢穿裙子了。”

妈妈认真地观察夏菡的胸部说："哦，你说的没错啊，真的大小不一样呢。"夏菡听了这话，马上有点紧张了，忙问："那该怎么办呢？"妈妈顿了顿说："我们女性的两个乳房，通常不会大小一模一样，只能说看起来大小相似。特别是在青春期，由于乳房没有完全发育，可能一个乳房发育得快，一个乳房发育得慢。等发育成熟了，两个乳房的大小自然就没有太明显的差异了。"

听了妈妈的解释，夏菡长舒了一口气，心中的疑惑终于消散了。妈妈说："你可以穿合适的内衣来调整胸形，你完全可以穿裙子。"夏菡笑着说："那我又可以当可爱的夏日公主了！"

两侧乳房一侧大一些，另一侧小一些；一侧乳头挺出，而另一侧乳头却稍内陷，等等，这些情况如果是一直如此，不是新近才发生的，并且从无不适感，那么这就是正常现象，大可不必忧虑。如果两侧乳房呈现明显不对称，则有以下几种情况：

第一，先天因素。在胚胎发育过程中，如果一侧乳房始基发育异常，在今后的青春期乳房发育时，两侧乳房就会明显不对称，发育不良的一侧会显著小于另一侧。一般来讲，这种情况不会影响结婚、生育，但却让女性失去了特有的曲线美。因此，可在青春期乳房发育完全后，择期去医院进行治疗，恢复女性的风采和自信。

第二，后天因素。通常发生于经产妇。在哺乳时，母亲常习惯于某一侧方向怀抱婴儿授乳，使两侧乳房授乳机会不均等，机会多的一侧在断乳后，较对侧更易萎缩退化而变小。这种情况一般无不适感，也不会影响生活。可进行较小乳房一侧的胸肌锻炼，并可对较小乳房进行按摩，必要时，可外用丰乳药物或器材（应注意对市场上名目繁多的品牌鉴别真伪，慎重选用）帮助丰胸。当然，如果在哺乳时，注意两侧乳房交替授乳，使两侧机会均等，则可以避免此种情况的发生。此外，如果以往两侧乳房是大致对称的，而新近出现了不对称情况，如一侧乳房增大、一侧乳房皮肤颜色改变或皮肤出现小凹陷、一侧乳头回缩或抬高，有时还伴有疼痛、痒感、乳头出水等症状和体征时，应予以特别重视。这种情况应立即去看医生，进行有关检查，以尽早发现可能的病变。

妈妈最想对你说的话

亲爱的女儿：

多数情况下，两侧乳房是对称的，但是如果你仔细观察比较，就会发现有时也不一定完全一样大。两侧乳房稍有大小、形态的不一致，也是比较常见的，并无大碍，因此，你不必担心什么。

两个乳房有可能不是同时发育的，有略微的前后差距，这通常是因为两侧乳房对体内雌激素、孕激素的敏感性不同所引起的。敏感性较强的一侧乳房会先发育，生长较快，显得较大，敏感性较差的一侧乳房发育稍微慢一点，显得小一点，这种暂时性的大小不一的现象很正常，所以，你不必为此忧虑，也不需要采取什么治疗措施。

当然，如果双侧乳房呈现明显的大小差别，有碍美观，就需要对较小的那个乳房进行锻炼了，比如进行按摩。假如今后你的身体发育定型了，两个乳房的大小差别明显，可以进行手术矫正。

——爱你的妈妈

“太平公主”该怎么办

上初二的紫山已经13岁了，班里的其他女生大都进入了青春期，胸前隆起了小花蕾，可她的胸部没有任何变化。在班里，大家开玩笑地叫她“太平公主”，还有人叫她“飞机场”。虽然这些玩笑并没有恶意，但是足以打击她的自信，让她觉得自己和其他女生有些差别。

一天放学回家，紫山闷闷不乐，妈妈看出了她有心事，就问：“紫山，你怎么不高兴呢？跟妈妈说说心里话吧！”紫山一听这话，立刻忍不住掉泪了，妈妈忙问：“怎么啦？快跟妈妈说说。”

“我……我……班里的同学都叫我‘太平公主’，说我没有胸部，他们都嘲笑我，我好伤心啊！”紫山一边说一边擦眼泪。看她的样子真的很伤心，妈妈心疼极了，说：“不要伤心，紫山，女孩子的发育时间有早晚之分的，你就属于发育晚的一类，不用担心，那一天迟早会到来的。”在妈妈的安慰和讲解下，紫山终于破涕为笑了。

随着女孩进入青春期，她们的胸部的发育也会越来越成熟。女性乳房的发育期在9～14岁，发育完成约需4年，但个别的差异性颇大，发育快的人，在1～2年内即完成。可是有些女孩子虽然已经进入青春期，但是乳房发育迟缓，前后可达10年之久，更有人可能到初次妊娠才发育完成。

乳房过小的原因有哪些呢？

（1）与激素缺乏有关。乳房的发育受垂体前叶、肾上腺皮质和卵巢内分泌激素影响，垂体前叶产生催乳素而直接影响乳房发育，卵巢产生雌激素、孕激素，促进乳房发育。此外，生长激素、胰岛素等也是乳腺发育不可缺少的成分。所以，乳房过小与激素分泌不足有很大的关系。

（2）乳房大小还受种族、遗传和体质等因素的影响。例如，西方女性的乳房就远比东方女性丰满。一般来说，母亲乳房瘦小，那么女儿的乳房也不丰满。体胖的人因脂肪积聚多，乳房显得充实凸出，消瘦的人脂肪积聚少，乳房就显得小而平坦。

（3）患某种疾病也会影响乳房发育。如果少女得了垂体前叶功能减退症，垂体性侏儒症和原发性卵巢发育不全等病症，乳房也会小。

因此，对于乳房过小的女性，在矫治时，必须首先找出原因。如果是疾病引起的，应当首先治疗疾病。对于单纯发育不良引起的，可以通过药物、饮食、按摩、锻炼等矫治。

保健按摩是采用按摩胸部、乳房的办法来增大乳房，方便有效。具体方法：

（1）直推乳房：先用右手掌面在左侧乳房上部，即锁骨下方着力，均匀柔和地向下直推至乳房根部，再向上沿原路线推回，做20～50次后，换左手按摩右乳房20～50次。

（2）侧推乳房：用左手掌根和掌面自胸正中部着力，横向推按右侧乳房直至腋下，返回时用五指指面将乳房组织带回，反复20～50次后，换右手按摩左乳房20～50次。

妈妈最想对你说的话

亲爱的女儿：

当我们去医院检查后没有发现什么疾病时，你就不必再为胸小而担忧了，其实胸大小不重要，重要的是健健康康的。你需要的不是丰胸的方法，而是一个平和的心态，因为心态好有助于身体健康，身体健康才有利于胸部继续发育，所以，你应该保持好心情。

另外，生命在于运动，适当的体育锻炼也可以促使身体保持健康，促进胸部的发育。体育锻炼的时候，尤其要注意锻炼胸部肌肉，使胸大肌发达，促进乳房丰满。平时走路和站立的时候，你应该注意保持挺胸收腹，以利乳房发育，参加游泳运动也特别有助于双乳健美。千万不要因为胸部小就不敢挺胸，那样会显得你的胸部更小，也是不自信的表现，应该尽量避免。

——爱你的妈妈

到底胸大好还是胸小好

小颖是个漂亮聪明的初中女生，刚满14岁的她，每天早晨起床后，最爱做的事就是照镜子。

当同班的女生围在一起小声议论着什么才是完美的胸部时，小颖的好奇心被充分激发了出来。加入讨论的女同学中，有人说胸部大点好，也有人说胸部小点好，争到最后，都没有定论。这让小颖深深地陷入了疑惑，她很想弄清楚什么样的胸部才是最完美的。

相貌出众的小颖不想在体形上输给别人，于是她常常偷看妈妈的时尚杂志或是上网乱查资料。

一天，小颖的妈妈看到女儿正对着电脑上一个女人丰满的胸部发呆，这让她十分震惊，为了不吓到女儿，她并没有马上说话，而是等女儿关掉电脑后，才坐到女儿身边问：“小颖，告诉妈妈，最近是不是遇到了什么想不明白的事情？”

小颖看着妈妈关切的目光，鼓起勇气问道：“妈妈，您说女人的胸是大点好还是小点好呢？”

妈妈听到女儿竟然问起这样的问题，略有些吃惊，但还是心平气和地说：“小颖，你已经14岁了，妈妈能够理解你的好奇。妈妈可以告诉你，无论胸大胸小，只要是健康的，就是最好最完美的。”

青春期女生总是对自己的外貌体形很关注，不仅希望自己有漂亮可爱的脸蛋，还想拥有让身边人称羡的身材。尽管她们不了解什么样的胸部才称得上完美，但是却对完美胸部充满了无限的向往。

其实，对于胸部发育还不完整的青春期女生来说，现阶段最重要的就是保护好自己的胸部，使它保持健康，只有保证胸部是健康的，才可以谈及美丽。

此外，每个人的审美观点不同，你认为美的，在别人眼中也许极为平庸。如果真要给某类胸部贴上完美的标签，可以从纯粹的美学角度来分析。从外形上说，在美学家眼中，半球形、圆锥形的胸部是较为理想的；从胸围上说，中国女性完美胸围大小与身高的关系为：身高×0.53。假如你的身高是1.60米，那么最为完美的胸围应该是：1.60×0.53。

青春期的女生没有必要把心思放在胸部的大小上，偶尔好奇一下是可以的，如果过于纠结于这个问题，就会让自己抓不住生活的重心，从而导致学习下降、精神恍惚。想要摆脱自己这种多余的关注，可以多参加课外活动，多和同学交流一些积极向上的东西。

妈妈最想对你说的话

亲爱的女儿：

时间过得很快，一转眼，你都要长成大姑娘了。还记得当初你在妈妈怀里牙牙学语时的情景，那时你连“妈妈”两个字都说不清楚。现在，你已经开始关心什么样的胸部才是完美的。

看到你幸福的成长，妈妈很开心，但是妈妈并不愿意你把心思过多地放在那些无关紧要的事情上，比起漂亮的外表，妈妈更愿意看到的是你健康的身体以及善良的内心。

不过，妈妈也知道女生对体形、对胸部的关注是与生俱来的，妈妈会帮助你多了解一些这方面的知识。如果你想要让自己的胸部发育得越来越好，可以参考下面的建议：

(1) 不要穿紧身衣。过于紧身的衣服会束缚内脏器官的正常发育、影响你的呼吸，同时还会造成胸部发育不良。一旦胸部发育不良，就会影响到你的形体美观，甚至会造成将来哺乳困难。

(2) 多吃含蛋白质高的食物，比如鸡蛋、牛奶等。

(3) 多做有氧运动，比如慢跑。

(4) 挺直腰板走路，不要弯腰驼背，否则会影响胸部的发育。

希望女儿能健康成长，拥有完美的体形。

——爱你的妈妈

胸部太丰满好不好

一天放学后，小洁哭着跑回了家，这让刚刚下班回来的妈妈吓了一大跳，赶紧问小洁遇到了什么事。

小洁抹着眼泪委屈地问妈妈："我是不是长得很奇怪，我好几次听到别人在背后议论我，说我胸很大，像个怪人。"

这下弄得小洁妈妈有些啼笑皆非，自己的女儿已经15岁了，胸部本来就比别人发育得早，到这个年龄，胸部发育到这个程度并不为过。只是，小洁毕竟还只是初中生，有些事情自然不会太懂。

妈妈将面巾纸递给小洁，问道："那你觉得自己奇怪吗？"

小洁渐渐停止抽泣，撇撇嘴答道："我不觉得奇怪，我正常吃饭，身体健康，又没做过什么见不得人的事。况且妈妈的胸部也很大，我看隔壁的张阿姨、李阿姨都夸您胸部好看呢。"说完，小洁不好意思地笑了笑。

妈妈也跟着笑了起来，边笑边说："你这个疯丫头，别人想说什么就让他们说好了，等你们再大一点，就知道自己当初是多么天真。总之，妈妈不希望你因为别人的话而否定自己，你的健康心态，才是妈妈最在乎的。"

小洁听到妈妈关切笃定的言语，突然想自己是不是太脆弱了，别人说再多又怎样，只要有父母的支持和鼓励，乌云总有一天会自动散去。

"我明白了，不管胸大胸小，不管别人说什么，我都会坚持做我自己。"小洁轻轻握拳，眼睛里泛着闪亮的光芒。

在青春期里，胸部的发育标志着女性身体成熟的开始。对于成年女性来说，如果胸部发育健康良好，就能充分展示其曲线美和健康美。

不过，对于很多青春期的懵懂少男少女来说，他们并不能完全明白什么是成人眼中的成熟、美丽，正因为这样，很多不明就里的女生会莫名地讨厌自己突然出现的生理特征。

面对这个问题，女生们最应该做的就是向家人或老师、长辈请教，不要被错误的观念影响，更不要因此而产生某些负面情绪。假如有人在背后嘲笑你胸大，你不要真的认为自己见不得光了，要勇敢地走到对方面前，对那个人说："我很正常，请你尊重别人，尊重自己。"

当然，在这里还有一件事情要强调，就是很多家长会给自己处于青春期的孩子吃一些反季节蔬菜或者快速养成的家禽类食物，而这些食物中多含有激素，激素吃多了，女生胸部会变大，身体会变胖，身体健康也会受到损害，所以青春期女生一定要远离富含激素的食物。

妈妈最想对你说的话

亲爱的女儿：

当你对妈妈说，你因为胸大而被同学嘲笑时，我真的很想告诉你，你一点都不用为这个介意。当你长大之后，你会发现，这是生命赐给你的美好礼物。

但是妈妈想让你自己去体验成长路上的惊喜、祝福甚至挫折。相信你会做得很好，因为你本来就是个冰雪聪明的好孩子。

妈妈要告诉你，女生进入青春发育期后，最先发育的是乳房。之所以会发育，都是因为体内雌激素的影响，因为激素的原因，乳腺开始发育，这时乳房内除了许多细长的乳腺管不断发育外，还积累了不少脂肪。由于脂肪组织比乳腺组织要柔软很多，所以人的乳房会日渐隆起，并且富有弹性，这是女性成熟的标志，是完全正常的。

不过，乳房的发育也是有早有晚、有快有慢的，而且因为饮食和遗传的影响，有些人的乳房看起来大些，有些人的则看起来小些 。

最后我还想对你说，好好爱护自己的身体，爱护自己的胸部，只有爱惜自己，才能更好地去体味生活的滋味。

——爱你的妈妈

乳房怎么会有硬硬的包块

13岁的菲菲进入青春期后，身体有了明显的变化，不但乳房开始隆起，而且乳房上还有硬硬的包块，摸上去还有些疼。她以为是生病了，整天惶恐不安。后来在和同学的聊天中，菲菲发现这种症状不只自己一个人有，班里好几个同学的乳房都有硬硬的包块，这时她才意识到乳头上有硬硬的包块可能不是什么大问题，从那以后，她的情绪才得以平静下来。

菲菲乳房上的那个硬硬的包块叫做“乳核”。伴随着成长，女孩子的乳房发育有一个过程。一般来说，女孩的乳头从9～10岁开始长大，出现“乳蕾”，乳头周围色素开始沉着，乳晕不断向周围扩大。在这个阶段乳房不会有特别的感觉，女孩也就不大会注意到。

到10～11岁时，乳腺开始逐渐发育，女孩才会感觉到胸部的变化：乳头周围颜色较深的部分开始隆起，感觉痒痒的、胀胀的；而且形成乳核——就是女孩摸到的那个小结节或小硬块，如果用手按压或不小心碰到，会感到疼痛。

随着乳房不断发育，乳腺管与皮下脂肪日渐增多，乳晕周围的肌肉发达起来，乳房渐渐隆起成为半球形，明显地高出胸部并富有弹性，乳晕和乳头的颜色变深，乳核也就会慢慢不见了。三四年后，乳房发育就接近成熟了。

妈妈最想对你说的话

亲爱的女儿：

当你发现乳房上出现硬硬的包块时，可能是乳腺的腺体和结缔组织有厚薄不均的现象，摸起来有疙疙瘩瘩或有颗粒状的感觉，这是正常的，你不必忧心忡忡。如果是新长出来的包块，就要引起重视了，因为青春期乳房发育过程中出现肿块，有可能是乳腺疾病所致。因此，妈妈要教你几招自我检查的方法。在每次月经之后的7～10天，是检查乳房的最佳时期，这时的乳腺结节和触痛最不明显，有利于明确诊断。你可以站在镜子面前，观察左右两个乳房是否等大，这种等大并不是说一模一样大，而是指大致相当。如果你发现两个乳房有明显的不对称，那么就应该引起重视，还要及时告诉妈妈，以便及早检查、确诊。

你还可以通过接触乳房来进行自我检查，就是用手触摸乳房，看是否有肿块，以及肿块的大小、数目、硬度、活动度、是否有疼痛感等。接触检查时，你最好平躺在床上，将一侧手指并拢，平放在乳房上，依次轻柔地触摸，按照顺时针的方向进行触摸，由内侧到外侧，最后触摸腋窝处的乳腺部位。然后再接触检查另一侧的乳房。触摸时要注意力度，千万不要用手捏乳房，否则有可能会把正常乳腺尤其是乳腺尾部疑诊为肿块。

如果发现乳房上有包块，应尽早告诉妈妈，我们一起到医院检查、就诊，以查清包块的性质。如果患乳腺良性疾病，你就不必过分担心，因为这种疾病一般不会危及你的健康。如果乳房不知不觉地长出包块，且没有丝毫疼痛的感觉，你就需要特别小心了，应及早检查和治疗。你所穿的胸罩不宜过紧，否则会挤压乳房，最好穿戴有一定支托作用的优质胸罩。

——爱你的妈妈

你下面为什么流血了

那是一个没有任何征兆的夜晚。柳忆从睡梦中醒来，感觉床单上湿湿的，但又没有水渍，于是她又试图睡去，但没睡几分钟，她全身的烦躁不安感一波一波袭来，这时她才清晰地意识到好像“那里”不舒服。当她把灯打开，看到内裤上、床单上沾满血时，显得不知所措。那年柳忆13岁，读初一。由于生理卫生课上老师并未讲到初潮这件事，爸爸妈妈也从来没有告诉过她，因此她在极度的恐慌中，哭着敲开了爸爸妈妈的房门。

妈妈将柳忆带到洗手间，摸着她的脑袋说：“宝贝，你长大了。不要害怕，这是月经，以后每个月都会来一次的，以后你就是个大姑娘了！”说完，妈妈拿出一小包卫生巾，教柳忆怎么拆开，怎么粘贴在小裤裤上，并告诉她，沾上血液的衣服，要放在冷水里。

柳忆羞愧地将弄脏的小裤裤放进装满冷水的盆子里，正当她要动手洗小裤裤时，妈妈一把抓住了她的手，说：“宝贝，这个时候不能碰冷水的。”说完，妈妈给柳忆煮了一杯浓浓的红糖生姜水，然后又给她讲了很多经期保养的知识，妈妈还拿出一个小本子，记下了那天的日期，并告诉柳忆：“以后你把月经来的那个日子记在这个本子上，包括痛不痛，有没有什么变化。这件事可关系到你一辈子的健康和幸福哦！”

听了妈妈的话，喝着温暖的甜甜的糖水，柳忆内心的恐惧渐渐散去，她感到初潮没有什么可怕的，就像小时候掉牙齿一样，只是为了快快长大。

进入青春期后，女性的卵巢便开始活跃起来了。卵巢在促性腺激素的刺激下逐渐发育，在促卵泡激素的作用下卵泡逐渐生长，发育成熟，并分泌大量的雌激素。在雌激素的作用下子宫内膜增生变厚，呈增殖期变化。在黄体生成激素的作用下，成熟的卵泡破裂排出卵子，排卵后卵泡形成黄体，黄体细胞分泌孕激素。在雌激素和孕激素的共同作用下，子宫内膜进一步增殖，并由于其腺体上皮细胞分泌而呈现分泌期变化。若卵子未受精，黄体即开始萎缩，一般黄体的寿命平均为14天。黄体萎缩后，卵巢雌、孕激素水平迅速下降，使子宫内膜失去支持而萎缩，且由于缺血坏死而脱落，于是出现阴道出血，即通常所说的月经来潮。

初潮，是少女进入青春期最明显的标志，它标志着女性开始进入性生理发育过程的第一关。正常女性的月经，一般为28～30天来一次，月经期持续3～7天。少女初潮仅仅是生殖系统开始工作的表现，生殖系统的功能还没有成熟，所以在初潮的一段时间内，月经周期往往不太规律。据调查，初潮到第二次月经来潮，多数少女在半年以上，有的达八九个月。

初潮转为正常的月经周期一般需要两年时间。对这种月经周期不规律的现象，要有充分的认识，不要以为得了病而乱服药，以免影响身体健康。这里的主要原因是，卵巢发育不成熟，功能还不稳定，未必每月准时排卵。随着少女年龄的增长，月经周期自然会逐渐变得正常起来。

对于初潮少女而言，面对月经初次来临，心理上会出现紧张、害怕、羞涩、好奇等复杂的情绪体验，身体方面会呈现腹胀、腹痛、腰酸、乏力、嗜睡、疲劳、颜面浮肿等不适，再加上学习紧张的压力，她们的抵抗力和适应力都会有不同程度的减退。所以，对初潮少女加强身心保健和健康辅导非常重要。

有一个针对200名初中二年级的女生进行的问卷、心理咨询，结果显示月经初潮前84%的女生存在恐慌、焦虑、紧张、害羞、莫名其妙、不知所措等心理反应；初潮后仍有60%以上的女生在以后来月经7～14天前出现易激动、烦躁、腹痛、乳房胀痛等经前综合征。

有些专家认为，初潮的年龄和家庭遗传有关，如果母亲很早就来月经，那么女儿也可能如此。但大致上，女孩子到了十二三岁就会有第一次月经的来潮。初潮的早晚还和身体健康状况、情绪、营养等有一定的关系，个体差异可能很大。

早至9岁晚到18～19岁月经来潮，如果没有其他异常情况，都算正常范围。如果七八岁就来月经，或22岁还没有来月经，并伴有其他症状，就应该去医院就医，查清原因，及早治疗。

妈妈最想对你说的话

亲爱的女儿：

当初潮来临时，你不必手忙脚乱，要意识到这是你长大成人的一种自然现象，表示你在生理上发育正常且越来越接近成熟女性，因此，这是值得欣喜的。虽然刚开始会带给你一些轻微的不适应，情绪也会极为低落，但是别担心，这几天很快就会过去。如果你的情绪上有些波动，或心理上有些困扰，可以找妈妈谈心，因为妈妈也是女人，也有你这样的经历，与你有更多的共同话题。

月经初潮是你身体发育的必然经历，没有必要忧心忡忡，同时，你在月经初潮时出现腰酸、嗜睡、疲劳、乏力等现象都属正常，不要惊惶失措，加重心理负担。注意休息，保证充足睡眠时间，食用营养丰富、易于消化吸收的饭菜，这对增强体质、恢复精力大有益处。

初潮时应避免参加剧烈的体育运动，如长距离骑车、跑步等，以免过度疲劳导致抵抗力下降，诱发其他疾病。经期应注意清洁卫生，避免接触冷水，更不可用冷水洗头、洗澡，注意保暖，绝对不能参加游泳等。

妈妈知道，初潮的突然来临打破了你单纯平静的内心，不管它的来临是让你不知所措，还是在你的意料之中，既然它来了，那就去接受它吧，因为它并不是什么令人羞耻的事情，你不必为其感到尴尬。或许在初潮来临后的几个月里，你非常留恋从前那种无所顾忌、随时都能蹦蹦跳跳的儿童时代（妈妈很理解你的心情，因为当年妈妈也有这样的心理），不过，为了让自己的身体更健康，你还是有必要注意一下。

——爱你的妈妈

内裤上的白色东西是什么

一天晚上，尔岚在洗澡的时候发现内裤上有些“不明物体”——白色的东西，是什么呢？尔岚感到非常奇怪，以前她从来没见过这个东西，它是初潮之后才出现的，怎么办呢？尔岚想都没想，就把内裤扔进了盆子里，还自言自语地抱怨“真讨厌”“真烦人”。

从浴室里出来，尔岚脸上有些疑惑的表情，细心的妈妈看出了女儿的郁闷，主动问道：“尔岚，怎么啦？告诉妈妈发生了什么事情。”听了尔岚的描述，妈妈说：“那些白色不明物体名字叫白带，健康的女性都会有白色的或者是没有颜色的白带，而且在经期前或两次月经中间，白带的量会增多，这是正常的现象。不过，如果白带是黄色的，或是像白色的乳酪色，就说明有病菌、那就有问题了。”

尔岚忍不住问道：“那是什么病菌？为什么会有黄色的白带？”妈妈说：“这些情况必须经过医生检查才知道，等哪天出现了这种情况，一定要告诉我，知道吗？”尔岚用力地点点头。

女孩子进入青春期后，常会发现一向干爽的内裤上会出现一些湿迹，还会有些白色的、有些像蛋清样的东西，这种东西叫做白带。通常没有发育的女孩子是没有白带的，自青春期卵巢逐渐发育后，由于雌激素的作用，女性的阴道便开始有分泌物排出；同时，子宫颈腺体、子宫内膜也能分泌出一种透明的蛋清样黏液，阴道上皮细胞也在不断增生脱落，同时混合在一起并排出，就形成了白带。

白带是由阴道黏膜渗出物、宫颈腺体及子宫内膜腺体分泌物、前庭大腺分泌物以及大阴唇小阴唇皮脂腺分泌物等混合组成，以前两者为主。白带内含阴道上皮脱落细胞、白细胞及乳酸杆菌等。白带有生理性与病理性之分，其产生的原因及性状各不相同。

青春期以后，由于卵巢的逐渐发育成熟，雌激素、孕激素的分泌，白带的性状及量随卵巢周期变化而有不同。月经中期（排卵期前），由于宫颈腺体分泌旺盛，此时白带中宫颈黏液成分增多，致使白带量多，且清亮稀薄如鸡蛋清，以利精子通过；排卵后白带量逐渐减少、变稠；月经前由于盆腔充血，阴道渗出物增多，白带量也随之增多。

白带对于女性健康的作用很大——白带能使阴道和外阴部保持一定的湿润度，起到像机器中的润滑油一样的作用；同时，白带中有一种阴道杆菌，能产生乳酸，来保持阴道内环境的酸性，使细菌不易生长，能起到避免某些妇科疾病的作用。

妈妈最想对你说的话

亲爱的女儿：

在你还是小女孩的时候，即使穿着纯白的小内裤，一天下来还是纯白的。可是有一天，你会发现内裤偶尔沾染了什么，有些湿漉漉的，甚至有点黏黏的。当你发现内裤上出现了异常时，你可能有点厌恶，觉得它让你失去了童年的洁净。其实“内裤事件”是必然的，这是一个青春期的信号，这透明的蛋清状的黏液叫白带。

对待白带，你的心情可能与对待初潮不太一样，它来得悄无声息，没有初潮那么令你震撼，但是它会细水长流，绵延不绝。可以说，它似乎在每个女孩的身体里常驻着。每天都在，时多时少，时稀时浓。慢慢地，慢慢地，你会体会到它有很多好处。

虽然白带让你觉得不那么舒服，但它对健康有很大的作用。它可以使你的阴道和外阴部保持一定的湿润度，可以有效地防止病菌的侵入。这种湿润环境还能减少阴道前后壁之间的摩擦，保护阴道壁不受损伤。

同时，白带中有一种阴道杆菌，能产生乳酸，来保持阴道内环境的酸性，使细菌不易生长，能起到预防某些妇科疾病的作用。所以，白带因其具有阴道自洁的功能，也被称为“生殖道卫士”。白带还是你身体健康状况的“晴雨表”，只要你注意观察，就会发现自己身体的秘密。

白带不期而至，就需要更加注意个人卫生。比如，你要用温水经常冲洗外阴，解决白带给自己带来的小麻烦。但不要随便使用各种药物清洗阴道，因为白带对阴道有一种天然的自洁作用。另外，不要穿紧身的尼龙内裤，而应选择棉质内裤，如果不是生理期，就没必要用卫生护垫。虽然白带会沾染在内裤上，但想想它的好处，你也应该接纳它吧！

——爱你的妈妈

白带里为什么会有血丝

尔岚的内裤上出现了白带，对此她已经见怪不怪了，因为她知道出现白带是女性正常的生理现象。可是一天晚上，她发现内裤上的白带里有血丝，“天啊，我该不会是生病了吧？”尔岚紧张起来，妈妈前段时间告诉过她，正常的白带呈白色稀糊状，看来现在的白带有异常了。

尔岚来到妈妈的跟前，吞吞吐吐地说："我……我的内裤上……白带有些不正常……"支吾了半天，尔岚总算把自己担忧的问题说了出来。妈妈显得很轻松，微笑地说："白带出现了什么情况？是有臭味，还是颜色不对？"

尔岚紧张地说："白带有血丝……妈妈，我会不会是生病了？"

妈妈问："血丝多吗？"

"不多，只有一点点。"这下尔岚紧张得手心里都出汗了。

"别担心，青春期女孩的白带有少许血丝是正常现象。"妈妈不紧不慢地答道。

尔岚追问道："那为什么会有血丝呢？"

妈妈耐心地给尔岚解释了这里的原因，尔岚听了妈妈的解释，悬了半天的心总算放下来了。

当少女卵巢功能发育成熟开始排卵后，卵巢分泌雌激素的量也开始呈周期性波动。在月经来潮时，女性雌激素水平降低，随着月经的停止，其水平就会逐步上升，至排卵前一天，雌激素水平最高。在雌激素的刺激下，子宫颈腺体会分泌大量蛋清样的白带。而女性排卵后，雌激素水平下降，这一变化会使子宫内膜有小片剥离，并引起出血。因此，有些青春期女性会在白带中发现少许血丝。这些都是青春期女孩发育的正常表现，并非是病态反应。

白带有血丝分为生理性和疾病性两种情况。

1.生理性出血

有的女性在排卵期会出现排卵期出血，就是月经中期出血，指的是在两次正常量月经之间的少量出血，可伴有不同程度的小腹痛。若此时的症状较轻，则无须治疗，出血量多者可去医院诊治，用药物治疗。

2.病理性出血

白带中夹有血丝，说明女性生殖器官有出血发生。如在生育期，生理性的、有规律的出血是月经。除此，就是疾病发生的重要信号。

医生提醒，处在发育期的女性应特别注意外阴卫生，每晚应清洗外阴，并勤换内裤。当白带出现持续异常，如异味、含血量较多等情况，应及时就诊。

妈妈最想对你说的话

亲爱的女儿：

白带和月经一样，是女性正常的生理现象之一。即使当你发现白带里有血丝，也无须将其视为见不得天日的淫秽之物，那种把正常的白带当成病态，从而产生焦虑和惶恐的想法，是不必要的。

白带是否正常，要从量、色、质地、气味等几个方面来观察，正常的白带应该是乳白色或无色透明的，略带腥味或无味。白带带血丝有生理性的和疾病性的两种，一般来说有的女性在排卵期会出现排卵期出血，即月经中期出血，是指两次正常量月经之间的少量出血，可伴有不同程度的小腹痛。如症状较轻无须治疗，如果确定月经结束了，而白带有血就应该引起重视。

——爱你的妈妈

卫生巾选什么样的好呢

沛菡的“好朋友”每月都要来拜访一次，所以每个月她都要准备一样东西——卫生巾。第一次用卫生巾的时候，她感到有些不解，就问妈妈：“妈妈，为什么要用这个东西？”妈妈说：“因为来月经的时候会出血，而卫生巾是用细软的布将洁净的棉纤维和吸收性强的纸浆包裹起来的，能够有效减轻女性经期的痛苦和不方便。”

第一次买卫生巾的时候，沛菡在妈妈的陪同下来到超市，妈妈告诉她：“根据外形来分，卫生巾有基本形和护翼型两种，大小也有很多种，从小型到中型、大型以及适用于夜间的超大型，厚度有基本型、超薄型、丝薄型。”

在妈妈的指导下，沛菡发现卫生巾的包装上标明了厚度、长度，挑选的时候很方便。不过沛菡又有一个疑问，“为什么卫生巾有这么多种类呢？”妈妈说，月经开始时、中间时和快结束时出血的量是不同的，要根据具体情况来选择不同长度和厚度的卫生巾，那样更舒适、更方便。

在卫生巾没有被发明以前，每到“好朋友”来的那几天，女性就不得不忍受煎熬的日子，躺、坐、起、行都要小心翼翼。到了第一次世界大战时期，在法国服役的美国女护士即使月经期间，也要保持那份优雅、敏捷和干练，于是就尝试用绷带加药用棉花，制成了最早的卫生巾。

卫生巾的发明，被誉为“20世纪影响人类的十大发明”之一。自从它面世以后，很快就成了女性的莫逆之交。现在卫生巾的种类越来越多，品质也不尽相同。因此，在选择卫生巾的时候还需要谨慎，特别是处于青春期的少女，由于对卫生巾了解不够，选用的时候更应该小心，尽量选择适合自己的卫生巾，才会让自己更舒适一些。

有一份调查表明，73%的女性会在经期感到局部皮肤瘙痒、灼痛，这与使用不透气的卫生巾有很大的关系。因此，要安全度过经期，选择合适的卫生巾至关重要。卫生巾一般由表面层、吸收层和底层三部分构成，选用时就要从这三部分的材料及作用考虑。

1.表层要选择干爽网面漏斗型的

表层干爽可使局部皮肤不受潮湿之苦；漏斗型设计优于桶状设计，渗入的液体不易回流。

2.中层以透气、内含高效胶化层的为好

内含高效胶化层的卫生巾，可把渗入的液体凝结成啫喱状，受压后不回渗，表面没有黏乎乎的感觉。

3.底层以选透气材料制成的为好

它可使气体状的水分子顺利通过，从而达到及时排出湿气的作用，有效地减少卫生巾与身体之间的潮湿和闷热，保持干爽清新的感觉。

选择质量优良、有品牌的产品，不但会给女性朋友的健康带来保障，更能使每个月的生理期变得轻松舒爽。一位精致和优雅的女性，应该用认真和挑剔的眼光，来选择每月必需的佳期“伴侣”。

妈妈最想对你说的话

亲爱的女儿：

在你成长的过程以及今后的人生道路上，你需要与一个特殊的朋友相伴，那就是卫生巾，它是你轻松度过经期的好帮手。卫生巾的清洁卫生特别重要，因为盆腔、子宫、宫颈、阴道、体外环境都是相通的，这样的结构使女性的生殖系统特别容易遭受外界致病物的侵袭，尤其月经期间，生殖器官的抵抗力下降，比平时更加脆弱，如果使用了不合标准的卫生巾，特别容易发生感染。因此，要尽量在大商场选择信誉有保证的卫生巾，同时仔细检查外包装上的卫生许可证号、防伪标志、保质期——但这还只是最基本的。

你可以根据外观分辨卫生巾的优劣。每个外包装和独立小包装的封口应平滑，无漏气现象；好的卫生巾应表面清洁，厚薄均匀，封口无损。从手感来看，好的卫生巾由吸收性强、蓬松性好的木棉浆、绒毛浆制作，所以又轻又软。如果掺有其他纸浆、下脚料等的卫生巾则又重又硬。

你还可以从性能指标与卫生指标分辨卫生巾的优劣。一般来讲，大型卫生巾企业的生产环境比较好，管理比较严格，对物理性能、卫生指标检验严格监控，其中不少企业已通过了质量体系认证。这些企业的产品在产品质量国家监督抽查中一般为优质产品，有些甚至连续几次达到优等品。选择使用这些大型企业的卫生巾，安全性方面相对可得到保证。

在经期使用卫生巾时，要勤更换。因为经血中有丰富的营养物质，易使细菌大肆滋生，所以，卫生巾一定要勤快地更换。有两种错误的做法你应该避免，第一是长时间使用吸收力强、保护功能好的卫生巾；第二是在经血量少的时候忘记更换。

如果你发现有过敏现象，应该立即停用卫生巾。正规厂家的卫生巾，原材料是经过专门的安全检测的，而且已使用多年。如果发生了过敏，通常是由于我们的体质问题——就像有的人吃虾、吃螃蟹、喝酒过敏的道理一样。

阻止过敏的唯一办法就是回避过敏源，所以一旦感觉刺激、痒、不舒服，就要马上停用这种卫生巾。如果你的皮肤较为敏感，最好少用干爽网面而要多用棉质网面，干爽网面吸收快，但棉质网面更柔软舒服，对皮肤的刺激小。导致过敏的另外一个原因，是在局部聚集了湿气，所以要注意勤更换卫生巾。

——爱你的妈妈

“好朋友”来了要注意什么

碧彤非常爱吃冰棍，在她看来，如果能在大热天吃一根冰棍，那种叫“透心凉”的感觉太爽了。这不，又是一个三伏天，虽然碧彤讨厌闷热的天气，但一想到能大口大口地吃冰棍，她的烦恼就立刻烟消云散了。那天放学后，碧彤飞奔回家，进门后马上冲到冰箱前拿了一根冰棍。正当她准备享受夏日的清凉时，妈妈制止了她。妈妈严肃地说："这会儿不能吃冰棍，对身体不好！"

碧彤不解地问："这么热的天，我不吃冰棍难道吃火锅啊？真是莫名其妙！"妈妈不紧不慢地说："今天，你的'好朋友'来了，你说是不是？"

"没错，怎么了？"碧彤不耐烦地说，"快点把冰棍给我吧，我热死了。"

"碧彤，在经期不能吃冷饮，你可不能因为贪吃影响了你的身体健康啊！"妈妈语重心长地说。看到碧彤不太服气，妈妈继续说道："冷饮温度过低，会使你的血管收缩、血液凝滞，从而引起经血瘀阻、排泄不畅，很有可能导致痛经或者月经不调等不良反应，所以经期要禁食冷饮，这可是很重要的医学常识哦。"听了妈妈的耐心讲解，碧彤心服口服。

月经期间该怎么吃？很多女孩因为没有接受太多的青春期性教育，加上忙于学习，因此对月经期间的饮食不太重视，平时怎么吃，经期还是怎么吃，却不知在经期乱吃东西会影响身体健康。过去老一辈的人有这样一个观念：在每次经期注意饮食，调养好身体，对于女性子宫卵巢的功能会有所助益，也会有助于女性荷尔蒙的分泌、器官的年轻化。

女性月经期间不宜食用中药补品，因为太补的炖品会影响子宫的收缩，使经血不易排净，而姜丝猪肝汤是最佳的选择，可以舒缓子宫肌肉，帮助经血排出，而且做法简单。做法：两大碗水，水滚后放入一把姜丝，一分钟后再放入八小片猪肝，大火热滚后再放入菠菜及少许葱花，最后加点香油和盐即可。

因为月经来潮后每月要损失一定量的血液，所以要适当增加营养，如蛋白质、维生素及铁、钙等。经期应多吃一点鸡蛋、瘦肉、鱼、豆制品及新鲜蔬菜、水果等。

妈妈最想对你说的话

亲爱的女儿：

经期是我们每个月最重要的时期，这段时间内的饮食关系到我们的健康，因此需要格外注意，下面我就告诉你，哪些食物是经期不宜食用的。

（1）过咸食物。在经期来临前期，应该忌食过咸食物。因为过咸食物会使体内的盐分和水分储量增多，在月经来潮之前，孕激素增多，容易出现水肿、头痛等现象。想要避免这一问题，不妨在月经来潮前10天开始吃低盐食物。

（2）含气饮料、冷饮。冰棍、冰激凌、含气饮料等，是很多女孩子喜欢的，但是在月经期间吃这些东西，容易出现疲乏无力和精神不振的现象，这是缺铁的表现。因为很多汽水、饮料中含有磷酸盐，这种物质会与体内的铁质产生化学反应，使铁质难以吸收。此外，汽水中的碳酸氢钠和胃液容易发生中和，从而降低胃酸的消化能力和杀菌作用，并且影响食欲。冰冷的饮品和咖啡，容易造成下腹部血液循环不佳，从而影响经血顺利排出，造成痛经。

（3）辛辣刺激性食物。在平时炒菜时，放一些花椒、丁香、胡椒等佐料，会使菜的味道变得更好。可是，在月经期的女孩子却不宜食用这些辛辣刺激性食品，因为辛辣的食物有刺激性，容易引起盆腔血管收缩而引起经血量过少甚至突然停止。肥肉、动物油和甜食等也应少吃。

（4）浓茶。经期应适当多饮白开水，不宜饮浓茶。因为浓茶含有较多的咖啡因，会刺激神经和心血管，容易导致痛经、经期延长或出血过多。茶中还含有鞣酸，会在肠道与食物中的铁结合，会发生沉淀，影响铁质吸收、引起贫血。

（5）寒性食物。中医里说，寒性食物如梨、香蕉、石花、荸荠、地耳、石耳等食物，大多有清热解毒、滋阴降火的功效，平时食用有益于身体健康，但在月经期间却不宜食用或应当少食用，否则容易造成痛经、月经不调等症状。

——爱你的妈妈

经期可以进行剧烈运动吗

盼儿是一所重点中学的初二女生，进入初中后，由于学习压力大，竞争激烈，她的月经频发，经期也比原来长，因此不得不经常在经期面对体育课。开始时，她不好意思向老师请假，特别是碰到跑步测验时，她只好硬着头皮跑，可是每次跑完之后，裤子就弄脏了。

由于盼儿的月经过多，造成了轻度贫血，妈妈告诉她以后在经期不要参加剧烈运动，否则不仅会出现腹痛、不适等症状，从长远来看，还有可能引起子宫内膜异位症，并叮嘱盼儿上体育课的时候通过校医写假条，以避免参加剧烈运动。盼儿听了妈妈的话，让她没想到的是，校医和体育老师非常理解和宽容她，从那以后，即使她不参加体育课也不会觉得难为情了。

一天下午最后一节课是体育课，盼儿又以“例假”的理由不上体育课了，所以她提早回家了。正当她在家跷着二郎腿看电视时，妈妈下班回来了，说：“盼儿，怎么这么早就放学啦？”

盼儿说：“体育课不用上，我请假回来的。”

妈妈关切地问：“你肚子不舒服吗？是不是痛经呀？”

盼儿笑嘻嘻地说：“没有啊，我肚子一点也不疼，不过我讨厌上体育课，老师说了，来例假的同学可以不用上，所以我就回来了。”

妈妈皱着眉头说：“盼儿，你这叫什么行为啊，偷懒啊，其实来月经并不是不能参加运动，只是不宜剧烈运动，适当的运动还能减轻经期的不适感呢。”

“哦，是吗？我还以为经期绝对不能上体育课呢！”盼儿说。

妈妈笑着说：“以后‘好朋友’来了，你可以参加一些轻松的活动，比如散步、体操等，对身体是有好处的。”盼儿认真地点点头。

每个青春期的女孩都可能遇到这种情况：经期与体育课冲突。女孩子到底该怎么处理这种情况呢？妇科专家建议女孩子在月经来潮期间不要进行剧烈的体育活动，这并不是逃避体育课的问题，而是关系到女性的生殖健康。大量研究显示，如果在经期从事超负荷的运动，可能直接增加患子宫内膜异位症的风险，导致痛经甚至不孕。

在有些学校，如果女生不想上体育课，需要找校医开证明，然后交给老师以便请假。除了上游泳课之外，多数体育老师会主动告知女生可以请假，有些剧烈的运动，如跑步、跳高、跳远、跨栏等项目，可以请假不参加。但是有些胆小的女生不敢向老师说明情况，特别是面对男体育老师时，女生会更觉得不好意思，只好勉强上体育课。这样做会给身体造成很大的危害，应当避免这种情况的发生。

妈妈最想对你说的话

亲爱的女儿：

那天你问妈妈："好朋友"来了能不能上体育课？你还说班里的很多女孩子在经期不参加劳动、不上体育课和不做课间操，认为行经时出了许多的血，对身体伤害很大。之所以有这样的想法，是因为她们认为月经会对自己的身体造成伤害，其实这种想法不很正确。月经是每个正常女孩很自然的生理现象，并非疾病，更谈不上对人体的伤害。因此，按照常理来说，即使月经来临时，也可以像平时那样生活，当然也可以适当地做些体力劳动和运动。

以前的女学生在月经期间不用上体育课，而是在一旁观看，其理由并非月经来潮时做体操会影响身体健康，而是因为当时经期用的止血棉条等没有今天这么方便、安全。现在的卫生巾既方便又安全，即使出血了，通常来说即使进行50分钟的轻度运动不更换，也不必担心渗漏。

对多数女孩而言，月经不但不会影响日常生活的活动和运动，而且适量的运动，如做体操等反而可以使腰部灵活。轻松的户外运动还可以给人带来一份好心情，转移了对月经过多的注意力，减轻了经期的不适感。因此，正值花季的你不必因为月经来临变得沉闷而不敢活动，如此将会更无精打采。与其谨小慎微、过分敏感，不如配合自己的身体状况自然地运动吧！

——爱你的妈妈

痛经是怎么回事

紫蓝念初三，每次"好朋友"来的时候都痛得脸色发白，死去活来。为了不耽误学习，妈妈给她准备了不少止痛药，可都是治标不治本。到了那几天，即使吃了止痛药，紫蓝也浑身没劲、委靡不振，轻松不起来。眼看中考一天天临近，紫蓝掐指一算，发现"好朋友"来访的那几天恰是考试的日子，虽然到时候可以采取措施避开，但紫蓝心里还是担心到时候精神不佳影响发挥……

紫蓝经期出现的症状就是"痛经"。痛经是指经期前后或行经期间出现下腹剧烈疼痛、腰酸，甚至恶心、呕吐的现象，它是女性的常见病。痛经总会给女性带来许多烦恼，严重的会直接影响正常学习、工作和生活。需要指出的是，腹痛的特点与月经的关系十分密切，不来月经就不发生腹痛。因此，与月经无关的腹痛，不是痛经。

痛经较为普遍，凡在经前、经期、经后发生腹痛及其他不适，以致于影响工作及生活者为痛经。疼痛多在经期第1～2天，也有在经前1～2天开始腹痛的，疼痛在经期加重。多为阵发性下腹部绞痛、坠痛、胀痛，并可放射至腰骶部、内侧及阴道、肛门。

按照产生的原因，痛经大致分为两种：一种是找不到生殖系统明显病变的，称为原发性痛经。原发性痛经一般在初潮开始就会发生，多为子宫收缩和局部缺血导致神经精神性疼痛，或因子宫发育不良、子宫颈口狭窄，子宫位置不正，内分泌失调所致。后几种痛经多发生在月经开始后三个月内，可能会持续整个生育期，但是很多女性在妊娠分娩后，痛经会得到明显减轻，甚至消失。

另一种是由明确的疾病引起的痛经，称为继发性痛经。出现痛经的时间是在正常行经一段时间（多为三年）后，才开始发生。生殖器炎症、子宫肌瘤、子宫内膜异位等生殖器官疾病均可引起继发性痛经。

痛经很常见，大多数情况下症状都很轻微，不需要特殊治疗。虽然痛经本身不会危及生命，但许多时候它可能是某种较严重疾病的征兆。因此，如果你有痛经的情况，应尽早到医院看医生，以确定引起痛经的原因。若属继发性痛经，应积极治疗继发病。因发育不良、体质虚弱引起痛经，则应对全身进行调整。

中医认为，痛经多因气血运行不畅或气血亏虚所致。临床常见有气滞血瘀、寒凝胞宫、气血虚弱、湿热下注等症。对于痛经，饮食疗法能起到较好的防治作用。痛经患者在月经来潮前3～5天内饮食宜以清淡易消化为主。应进食易于消化吸收的食物，不宜吃得过饱，尤其应避免进食生冷之食品，因生冷食品能刺激子宫、输卵管收缩，从而诱发或加重痛经。月经已来潮，则更应避免一切生冷、不易消化和刺激性的食物，如辣椒、生葱、生蒜、胡椒、烈性酒等。此期间病人可适当吃些有酸味的食品，如酸菜、食醋等，酸味食品有缓解疼痛的作用。

妈妈最想对你说的话

亲爱的女儿：

痛经是女性经常会遇到的，在青春期，有30%～50%的女孩有不同程度的痛经。所以，当你遇到这种情况时，不必紧张，因为痛经的原因有很多，主要有以下几种：

（1）生理因素。由于子宫内膜前列腺素增多，使子宫局部缺氧导致过氧化物即组胺等释放，引起痛经。

（2）饮食因素。有些女孩爱吃零食，经期也吃冷饮及梨等生冷食物，导致气血凝滞，使血液不通畅，自然会使痛经加重。平时应多吃清淡、易消化食物，忌食生冷、辛辣刺激性食物。饮食应多样化，不可偏食，应经常食用些具有理气活血作用的蔬菜、水果，比如香菜、胡萝卜、荠菜、洋兰根、佛手、生姜、橘子等。这样有利于补血补气，有益于身体健康。

（3）劳累因素。像你这样的孩子，学习压力大，有时候不注意休息，就会导致身体劳累，这也会加重痛经。注意精神调养，解除心理障碍，使精神快乐，气机畅达。

（4）身体受凉。因为天气寒冷或衣着过少而受凉，导致气血凝滞，经络不畅通，从而加重痛经。因此，晚上睡觉的时候要注意盖好被子，早晚要注意增添衣物，尤其是在经期前后要注意保暖。

在你痛经严重时，可以卧床休息半天，这样可大大减轻腹痛。如果你的痛经感觉不对，尤其是有出汗、肢冷、面色青紫等症状伴随的剧烈疼痛时，要及时告诉妈妈，那样妈妈可以及时带你去医院检查。

——爱你的妈妈

来月经前为何情绪不稳定

有一天晚上，张先生下班回家后，看到妻子在厨房里做饭，女儿在客厅做作业，于是就打开电视，准备看看新闻，谁知道女儿突然大吼道：“爸爸你把电视关了，快点，烦不烦啊，没看到我在做作业吗？”看到女儿这么没礼貌，张先生生气极了，立刻教训道：“楠楠，你也太不尊重爸爸了，没大没小的，有话不知道好好说啊？”话没说完，女儿就生气地说：“谁叫你打扰我学习呢？你才没礼貌呢，还敢教训我！”说着就把书本收拾起来，然后走进自己的房间，重重地关上了门。

在厨房里的妈妈感觉事情不太妙，凭着以往的经验，她知道女儿今天的表现太反常了，冷静下来一想，才记起过两天就是女儿的经期，于是她把丈夫拉到一边，轻声地对他说："好了，不要跟女儿计较了，过两天女儿就来月经了，经期前情绪不稳定，是正常的，你要理解一下。等下吃晚饭，我去跟女儿好好聊聊，缓解一下她的暴躁情绪。"这时张先生一拍脑门，恍然大悟。

吃晚饭的时候，女儿一直板着脸，一言不发，随便吃了点后，就回房间了。晚饭后，妈妈来到女儿的房间，关切地问："楠楠，你最近是不是情绪不稳定呀？"这个问题好像问到了女儿的心坎里，她立刻抬起头，专注地看着妈妈，说："妈妈，你怎么知道的呢？"

妈妈笑着说："我是你妈妈啊，我也是女人，知道经期来临前会情绪不稳定。"女儿像是找到了知己，把自己的心里话全都告诉了妈妈，女儿说："我最近老是想发火，自己都不知道为什么，妈妈，你告诉我为什么经期来临前会情绪不稳定呢？"在妈妈的一番讲解下，女儿终于明白了是怎么回事。

月经是女性的"专利品"，对当事人的精神活动有很大的影响。而女性精神活动的异常，也可能影响月经周期。有些女性在经期来潮前一周左右，容易出现不稳定的情绪，如脾气急躁易怒、好争吵、心情烦闷，有些女性则变得抑郁悲观、沉默寡言等。

由于月经期间雌激素和孕激素平衡失调，钠水滞留和抗利尿激素过多的缘故，导致女性的情绪不稳定，这对当事者的身体状况并没有影响。经期结束后，当事者的情绪又能自行缓解。然而，情绪暴躁并不是一件让人容易接受的事情，乱发脾气总会伤害周围人，因此当事者应该努力避免。

妈妈最想对你说的话

亲爱的女儿：

这两天你的情绪不太好，妈妈猜想是月经来潮前的情绪反映，你好好算算，是不是"好朋友"快来了？其实这不是什么严重的问题，你也不要太在意。据心理学家研究发现，约有五成以上的女性在月经来临前会出现情绪波动，如情绪低落、心烦意乱、注意力不集中、心中有股无名火，这就是医学所谓的"经前紧张综合症"。

医学上认为情绪变化会引起肝郁化火，导致冲任二脉失固，迫血妄行，造成月经提前。情绪变化还会引起气机郁阻，气郁则血滞，造成月经错后。情绪抑郁、愤怒还会导致肝气逆乱，导致血海蓄溢失常而经来无定。因此，为了不让你经前的情绪影响到经期的正常来临，你有必要学会调整自己的情绪，这样既能保护自己，也能够避免情绪不稳定伤害别人。

在这里，妈妈给你提供几条小妙招，让你有效地控制这些不良症状，保持愉快的心情。

第一，学会与家人沟通。当你在经前出现不良情绪时，不妨告诉身边的人，并对以往在特殊情况下自己的情绪失控表示歉意。这样，家人会理解和宽容你，帮助你调整情绪的变化。

第二，做高兴的事情来调节情绪。经前紧张综合症主要表现为忧虑、焦虑。当你心情不好时，可以做些令自己高兴的事情来调节一下情绪，比如听听音乐、唱唱歌，或者和朋友聊聊天，这样可以分散注意力。

第三，要善于独处。独处时看看自己感兴趣的读物，或想一想曾经愉快的经历，这有利于淡化你对月经的关注，转移注意力，放松心情，对缓和不良情绪也是有帮助的。

——爱你的妈妈

该怎样保持私处清洁

一天洗澡时，亦瑶不小心闻到了刚脱下来的内裤上难闻的气味，当时她感到非常恶心，心想怎么会那么难闻呢？难道是我的下面不干净吗？于是在洗澡的时候，亦瑶反反复复地清洗下面，原以为这样就能去除异味，没想到过了两天，她又发现了同样的问题，于是陷入了紧张情绪中。

那天晚上睡觉之前，亦瑶把自己的心事告诉了妈妈，妈妈对她说："一般来说，女性健康的阴道会稍稍散发出不同的气味，之所以不同，取决于用餐情况、本身的体味，以及所处的生理周期。其他的味道来源有汗液、食用了大蒜等刺激性食物。"妈妈还告诉亦瑶，要注意保持私处的清洁卫生，不要把细菌带入私处，以免引发疾病。

如果你发现私处有异味，不必过于担心，通常来说，有气味是正常的。就像你身体的其他部位一样，阴道也需要新鲜空气，需要透气。因此，如果穿紧身牛仔裤或者人造纤维的内裤，就会让“她”喘不过气来，细菌就会大量繁殖，很容易造成感染。

有些少女在月经期间依然穿紧身内裤，她们认为这样做不但可以免除侧漏的尴尬，在一定程度上还能缓解腹痛，事实上这样并不科学，正确的做法是选择稍宽松的内裤。国外医学研究表明，相当部分的妇科疾病是由穿紧身内衣造成的，如果女性常穿紧身内衣，尤其在月经期，易使经血流出不畅，而且在脱穿时还会使盆腹腔压力突变，很容易造成经血逆流，最终出现经期腰痛、腹痛症状。

女性在月经期时，会有大量经血流出，如果此时阴部的透气性不好，潮湿的环境可能造成一些微生物的滋生，霉菌性阴道炎症就是这样产生的，如果治疗不及时，还可能上行感染到盆腔。而且，女性会阴部有大量毛囊腺分布，紧身内衣容易使汗腺分泌受阻，这在月经期尤为明显。如果清洁不够，细菌大量繁殖，就会出现毛囊腺炎症，少数还可能导致阴部疏松、结缔组织炎等疾病。

妈妈最想对你说的话

亲爱的女儿：

我们的私处是最敏感的地方，那里的清洁卫生非常重要，因此，我们应该细心地呵护“她”。由于女性尿道短而直(3～4厘米)，尿道口离肛门比较近，肛门处的细菌较容易侵入而导致疾病，就容易产生异味。因此，保持肛门清洁也是很有必要的。

每次方便之前应记得洗手。便前洗手可以避免手上沾有病菌，尤其在一些特殊的环境下，比如公共厕所，你的手所接触到的门把手上面可能有细菌，然后你的手又接触到内衣或私处，这样会让病毒细菌有机可乘。因此，便前洗手对女性尤其重要。

每次方便之后，都应该擦屁股。有些女孩习惯于从后往前擦，觉得这样更顺手，可是却会对健康构成一定的威胁。因为大便里可能含有寄生虫的卵，也含有多种细菌。从后往前擦容易造成阴道感染。只要你有意识地从前往后擦几次，就能逐渐养成好的习惯。

擦屁股的时候，有的女生觉得普通卫生纸不够清洁，尤其是大便后想彻底清洁，去除异味，就改用湿纸巾去擦，其实这是一种错误的做法。首先，多数湿纸巾并不是女性私处专用的，有些湿纸巾携带的细菌数量可能超出了私处的承受范围，引起尿道感染或尿道外口瘙痒；其次，即便有些湿纸巾是女性专用的，也须谨慎使用，避免破坏人体自身的防御环境。

——爱你的妈妈

V 痘痘为什么光顾青春期

雁玉刚满15岁，可是脸上却没有花季少女应有的光洁和平滑。从14岁开始，雁玉的额头就开始长痘痘，一年多来，她的脸上长满了红包包。最开始的时候，她以为自己得了啥病，经常提心吊胆。每当上课时，她就不自觉地摸脸，当她摸到那一颗颗硕大的痘子时，心里直发慌，然后就开始用手抠，只是觉得有些疼痛。几天后，用手抠过的地方疤痕越来越明显。她总是忍不住抠痘痘。有时候两手一挤痘痘，就能挤出一大堆乳白色的还带点血的东西，再挤就是乌黑乌黑的血了。

因为长痘痘，原本开朗活泼的雁玉变得非常自卑，话也少了很多，除了上学，她平时就待在房间里，看看书或发发呆。雁玉曾在自己的日记中写道："如果我的面部光洁，我一定会开心地参加集体活动，参加聚会，或许还会在班里多做一些演讲，在面对同学时我不会感到如此的不安。我原是个性格开朗的女孩，由于青春痘的出现，给我的青春抹黑了，它破坏了我光洁白嫩的脸蛋，我心里很难受，为什么我会长青春痘呢？"

青春痘一般在十几岁至三十几岁生长，有的人在10岁的时候就会出现痘痘，有的人则可能在40岁出现痘痘。但大多数人都在17～18岁前后发生，所以通常叫青春痘。一般青春痘生长于面部，大多数从额头开始，然后逐步扩散到两颊，最后延及两额甚至到颈胸部、背部。

引发青春痘的原因是比较复杂的，它与皮脂分泌异常、毛囊口角化过度、异常菌群的增多和皮肤炎症等有一定的关系，特别是与体内雄激素和雌激素不平衡的关系更为密切。皮脂腺分泌过多，主要是二氢睾酮刺激所引起的，另外，孕酮、脱氢表雄酮也起一定的作用。由于皮脂腺分泌皮脂过多，加上毛囊口角化过度，形成角质栓堵塞毛囊口，阻止皮脂排出，使大量皮脂堆积在皮脂腺导管和毛囊口内，又由于痤疮杆菌和毛囊虫大量繁殖，使皮脂分解成游离脂肪酸、甘油三酯等物质，脂肪酸可刺激皮肤，引起皮肤炎症，出现炎性红斑、丘疹、脓疮、结节等皮疹，也就是人们常说的青春痘。

在生活中哪些因素可诱发青春痘呢？

（1）青春痘与遗传有关。父母身上很多特性都会传给下一代，还有很多遗传病也会传给下一代。对青春痘而言，父母中有一人曾经患有青春痘，其孩子有生长青春痘的倾向，或也有青春痘；如父母双方都长过青春痘，其孩子长青春痘的机会大大增加，同时症状也可能更严重些。因此可以说，遗传因素是青春痘发生的原因之一。但如果后天环境和生活条件不适合产生青春痘，则孩子不一定患青春痘。

(2) 日常生活中的各种诱因。在生活中诱发青春痘的因素很多，以下是几种诱发青春痘的常见因素：

①饮食方面：甜食，尤其是巧克力、水果糖等；油炸食物和油腻食物；辛辣食品，有的人今天吃了辛辣食品，明天就出现青春痘。

②排泄方面：便秘容易引发青春痘，应保持每天排便一次。

③睡眠方面：睡眠不足容易引发青春痘，孩子要有充分的睡眠时间，特别是晚上要早点睡觉。

④护肤方面：用油性过大的化妆品容易引发青春痘。

⑤用药方面：有些药物也可致使青春痘发生，如：激素、碘、溴等。

妈妈最想对你说的话

亲爱的女儿：

妈妈知道，每个女孩子都渴望拥有细腻光滑的皮肤，尤其是面部的皮肤，直接关系到我们的容貌和形象。因此，当你的脸上冒出了痘痘时，你可能一时难以接受，于是你表现得忧心忡忡、闷闷不乐；你因为害怕同学的冷淡、嘲笑而自卑、退缩，不愿意与同学交往。妈妈知道，这会给你带来种种压力和负面情绪，甚至会使你没有心思学习，妈妈很理解你的心情。

妈妈想告诉你的是，青春痘并非不治之症，不过想要彻底根除，需要多管齐下，积极治疗，科学护理。同时，如果你足够幸运的话，青春痘不用治疗就会自己痊愈。想要青春痘自己痊愈，你首先需要保持良好的心态，要乐观、充满信心地应对青春痘。千万不要认为自己是倒霉蛋、破了相，从此郁郁寡欢、不敢见人、逃避交往、不愿参加集体活动。

除痘需要从生活细节入手，你要尽量少吃或不吃油炸食品、肥肉、奶油、甜食等，还要少吃葱、姜、蒜、辣椒、胡椒、香菜等刺激性的食物。多吃苹果、西瓜、梨、黄瓜、西红柿、丝瓜、冬瓜、苦瓜等可减少皮脂分泌、促进青春痘痊愈的水果和蔬菜，少吃荔枝、橘子、榴莲等高糖水果。

你还要正确地洗脸，以保持皮肤清洁。妈妈会给你购买性质温和、无刺激性的硫磺皂和去污力较强的洗面奶，洗脸应用温水，这样有助于去除油脂，保持皮肤清洁。要记住的是，洗脸的目的是为了不让皮肤太油腻，因此不能洗得过于频繁，否则会破坏正常的皮脂膜，降低皮肤的抵抗能力。记住哟，千万不要用手挤压青春痘，那样很容易使炎症扩散，甚至因角质栓挤入真皮层内而引起深层炎症，留下色素沉着和瘢痕。

还有一点需要你牢记，那就是外表的美只是美的一个方面，真正的美是体现在内心的，只要你乐于助人，懂得关心和爱护他人，真诚地与人交往，你就能获得别人的认可和欢迎。即使你脸上有痘痘，别人也会发自内心地喜欢你。为了战胜痘痘，妈妈会与你并肩作战的，相信我们一定会取胜的，加油吧！

——爱你的妈妈

避孕药能治青春痘吗

晓琳今年16岁，本应是花一样的年龄，却因为脸上的一颗颗青春痘变得心情沉闷，也不喜欢和同学出去玩，整天想的都是用什么方法把脸上的痘痘去掉。

无意中，她听同学说，吃避孕药能治脸上的青春痘。于是她偷偷的买了很多避孕药，当天就吃了一粒，发现没什么不良反应后，每天都按时吃一粒。一直等到一个多星期后，晓琳发现脸上的青春痘果真少了很多，这让她大为惊奇，更加坚信避孕药的祛痘作用。之后，晓琳像吃饭一样每天准时吃避孕药。一个月后，她脸上明显变得光滑、细致，青春痘差不多都掉光了。

又过了几日，晓琳照镜子时，发现皮肤变得越来越好，但是在脸颊一侧却出现了淡紫色的斑块。正好，这一天，晓琳的妈妈在清理晓琳房间的垃圾时，在垃圾袋里看到了避孕药盒子，一下子慌了，赶忙拉住晓琳追问是怎么回事。

晓琳怕妈妈误会，就把自己用避孕药治疗青春痘的事说了出来。晓琳妈妈听到女儿连续吃了一个多月的避孕药，立刻把她带到了医院。

经医院检查，晓琳体内雌激素超标，这导致晓琳面部长出了淡紫色色斑，此外，她的生殖器官也变得充血肿胀。晓琳知道这个诊断结果后，像霜打的茄子，瘫坐在医院长椅上，后悔不已。

很多青春期女生都听说过这样一种说法：吃短效避孕药能治疗青春痘，尤其是那种顽固性的青春痘。对此，专家指出，服避孕药治青春痘的做法是饮鸩止渴，对青春期女生的杀伤力非常大。

因为口服避孕药通常是由人工合成的雌激素和孕激素配制而成，而青春期女生本身处于一种激素调节的敏感阶段，在这个阶段，服用激素含量较多的药，会破坏体内的激素水平，造成体内雌激素水平增高、内分泌失调，并且会影响身体和生殖健康。一旦服用过量，还会导致青春期女生性早熟乃至终身不育。

之所以说避孕药会消退青春痘，是因为避孕药中所含的微量雌激素和孕激素能在一定意义上“消化”青春期分泌过多的雄激素，服用后可抑制体内雄激素的分泌，对消除青春痘有一定的治疗效果。不过，这种治疗作用是暂时的，只要一停药，青春痘又会复发。

同时，由于短时间大剂量服用避孕药，女生脸上还有可能长出暗疮，一些暗疮的根部毛囊发生堵塞，时间一长极易出现化脓、病变的危险。

妈妈最想对你说的话

亲爱的女儿：

每个女生在年少的时候，都可能为了美丽做出一些傻事。妈妈要告诉你，在不知道某样东西的安全性时，千万不要去尝试。我知道你常常为脸上的痘痘而烦恼，甚至因此而自卑，但不能因为这样，就偷偷吃避孕药。

虽然避孕药对治疗脸上的青春痘会起到一定的作用，但这种作用绝不是治疗作用。要知道，青春痘、痤疮的产生主要是因为人体内激素失衡造成的，人体内的雄性激素过高就容易长青春痘，而在避孕药中，也含有雌激素和孕激素，这两种激素主要的作用是抑制人体中促性腺激素的分泌，抑制卵巢排卵。避孕药在调节人体内分泌、平衡人体激素的同时，自然会使你脸上的青春痘消失。

可是，避孕药的作用只是暂时的，一旦你停药，你脸上的痘痘还会长出来，这样说来，你不仅没有从根本上抑制青春痘，反而为自己的身体健康埋下了隐患，多么的得不偿失。

所以，妈妈希望你能正视自己脸上的青春痘，它只是青春的象征而已，当你慢慢长大，你会发现它会自己悄悄离开。如果你不想让脸上的痘痘越长越多，那么就从现在起，让自己保持愉悦的心情，保持有规律的生活作息，多多亲近大自然。

——爱你的妈妈

下面怎么长毛毛了

有了初潮之后，惜文发现阴部下面长出了一些毛毛，“这是为什么呢？难道我要变成猿人吗？”惜文的脑海里总是闪现出这样的想法。这天晚上，她再次把自己的疑问告诉了妈妈，妈妈听完她的担忧，禁不住哈哈大笑起来：“你这个小脑瓜子，真是太有创意了，呵呵！”

惜文看到妈妈呵呵地笑，感到更好奇了，就问：“妈妈，你快给我讲讲吧，为什么会长出毛毛呢？”妈妈停止了笑声，认真地说：“女孩子在青春期长毛是很正常的，在外阴处会长出阴毛，这是女孩子进入青春期后最先注意到的变化，这是非常正常的现象。”

说到这里，妈妈又笑了起来，笑得惜文羞涩难耐，脸憋得通红。妈妈调整了一下语调，继续说道：“阴毛属于第二性征，女孩子一般在10～13岁，卵巢会逐渐发育成熟，在其分泌的性激素的刺激下，阴毛就陆续长出来了。最开始的时候，阴毛比较稀少，慢慢地阴毛的颜色会加深，变得粗而卷曲。”惜文笑了笑，说：“原来是这样啊！”

阴毛是人的第二性征。女孩在青春期的发育中，有两个较突出的发育特征，一是乳房，二是阴毛的生长。阴毛的生长分为六个时期：

第一期， 在10岁以前，尚无可见的阴毛。

第二期， 10～11岁，稀疏生长起长而柔软的阴毛，且轻微卷曲。

第三期， 12～13岁，阴毛增多，并渐渐变得更为卷曲，粗而黑。

第四期， 14～15岁，阴毛扩展覆盖阴唇。

第五期， 16～17岁，阴毛扩展到耻骨区，成为成人型。

第六期， 18岁时，阴毛呈典型的倒三角形分布到大腿内侧。

一般来说，我国的少女在14岁时开始出现阴毛，到十七八岁，阴毛的疏密状况基本定型。阴毛的有无、疏密主要取决于两个因素：一是体内肾上腺皮质所产生的雄性激素的水平；二是阴部毛囊对雄激素的敏感程度。如果女性在发育期由于某种原因使肾上腺皮质产生的雄激素水平低下，或阴部毛囊对雄激素不敏感，就会造成阴毛稀疏或不长阴毛。

在现实中，阴毛的疏密个体差别很大，阴毛稀少或无阴毛的女性，如果其他第二性征正常（如乳房发育、体形、声音变化等），月经按时来潮，说明性器官的发育及性功能不会有什么问题，能够过正常的性生活，也会有正常的生殖能力。

真正使青春期的少女意识到身体正在发育的莫过于“第二性征”的出现了。从第二性征出现的先后顺序来说，少女的阴毛萌发算是较早的发育信号。然而，有些少女虽已年过18岁，外阴部和腋窝依然毫无毛发萌出的迹象。因此，使她们很苦闷和焦急，担心会影响结婚和生育。到底少女为什么不长阴毛和腋毛呢?

人的毛发分两类，一类不受性激素的影响，包括头发、眉毛和眼睫毛等；另一类是在性激素的影响下逐渐长出，如阴毛和腋毛。少女的阴毛和腋毛是在雄激素睾丸酮的刺激下长出来的。一般来说，女孩子从10～11岁起开始长出阴毛。阴毛首先出现在耻骨联合处的皮肤上，毛发稀细，软而色淡，以后逐渐增多变粗，颜色也加深，2～5年后就成熟定型了。

女性成熟型阴毛的特点是：在耻骨联合处的皮肤上，呈倒三角形排列，底线平直，尖角向下，并一直沿伸到两侧大阴唇外侧。腋毛则要到14岁左右才出现。如果青春女性年满18岁，阴毛和腋毛仍未出现，称为无阴毛和无腋毛，其原因大致可分为两类：

一类是由于阴部或腋窝皮肤的毛囊对睾丸酮不敏感或不起反应，即使体内存在较高浓度的睾丸酮也不会长阴毛和腋毛。这种人往往乳房发育正常，月经也能准时来潮，一般不会影响婚后性生活，而且照样可以生育。

另一类是除了由先天性无卵巢或卵巢发育不良等疾病导致无阴毛和腋毛外，同时伴有其他第二性征发育不良，如身材矮小，无月经，外貌也显得幼稚。此时应去医院检查和治疗。

妈妈最想对你说的话

亲爱的女儿：

有一个话题，女孩子都不爱讲，那就是第一根毛毛带来的恐慌。在11岁左右，女孩的阴部会长出一些“小草”，颜色很淡，可能没有引起你的注意。这些并不是真的阴毛，它叫做“茸毛”。

伴随着月经初潮，你的阴毛开始取代茸毛。阴毛的生长要经历稀疏、浅色，到逐渐变深、变粗，呈卷曲状，由少量分布变为密集分布四个阶段，才达到成年女性的阴毛分布状态。典型成年女性的阴毛呈倒三角形分布。

很多男孩认为体毛是男性化的象征，可是很多女孩子对自己的“多毛”感到恐慌不安，会产生厌恶感，甚至感到羞耻。其实，这没什么可羞耻的，只要是女孩，一般都会有这种现象。知道欧美人怎么称呼阴毛吗？她们称那个部位为“维纳斯丘”，听起来很美妙哟！

阴毛并不是毫无用处的，它是为保护我们的身体而长出来的。阴毛能够吸收这些部位分泌出来的汗和黏液，向周围发散，有利于身体健康。在性生活时，它还能起到增加外生殖器处摩擦所引起的快感的作用。不过阴毛并不是反映性功能或生育能力的标志，这已被日常生活中的大量事实和科学研究所证实。所以，阴毛稀少或无阴毛的女性无须为此而烦恼和担心。

说完阴毛，妈妈不得不继续跟你说说腋毛和体毛。它们对我们是很有好处的，可以帮助我们排出汗水、散发味道、遮挡细菌。不少花季少女因为体毛过多而烦恼，看到自己手臂汗毛较长，就以为自己得了多毛症。其实不然，你不必有这样的焦虑，因为毛发的生长有早晚、快慢、长短和多少的差别，这是因个体间的差异而导致的，都属于正常的生理范围。因此，你完全可以放松心态，不必为此担心。

——爱你的妈妈

处女膜有什么用处

觅珍和同桌小伟关系很好。一天课间，小伟和几个男同学在一起聊天，神神秘秘的，当女同学从旁边经过时，他们就不聊了。觅珍猜想他们一定在聊女孩的话题，于是上课之前，就笑眯眯地问小伟：“你们在聊什么啊？”

谁知道小伟竟然诡异地笑了笑，对她说："我们在聊女孩子的处女膜，你相信吗？"

"处女膜？"觅珍第一次听到这个名词，是那么新鲜、那么陌生。当时她只是红着脸不说话，但心里却充满疑惑："处女膜是什么东西？处女膜有什么用？我有处女膜吗？"回到家里，觅珍把自己的疑惑通通告诉了妈妈。明智的妈妈耐心地为觅珍讲解，听完后她生气地说："哼，小伟竟然耍流氓，我明天要去学校收拾他……"

处女膜是掩盖在女子阴道外口的一层中心有孔的薄膜，其位置位于阴道和阴道前庭的分界处。中间有一孔或多孔，称为处女膜孔。处女膜孔的大小和膜的厚薄程度因人而异。处女膜孔的直径为1～1.5厘米，通常为圆形、椭圆形或锯齿形；有的呈半月形，膜孔偏于一侧；有的为隔形孔，有两个小孔作上下或左右并列；有的有很多分散的小孔，就像筛子上的小孔。

在青春期之前，女孩的生殖器官尚未发育完善，阴道的黏膜较薄弱、酸度也较低，因而不能阻拦细菌的入侵。这时的处女膜较厚，也就担负起这一重任，起到保护女性生殖系统的作用。进入青春期后，女孩的生殖器官逐渐发育完善，阴道已经具有抵抗细菌入侵的作用，而处女膜却逐渐变得薄弱，也就失去了这一作用。所以，对于发育成熟的女性来说，处女膜已经不再具有什么生理功能了。

处女膜孔是生理所必需的，女子成熟后，每月一次的月经血就是通过这个小孔排出体外。如果膜上没有小孔，则每月的月经血被它挡住而不能排出体外，医学上叫做处女膜闭锁。如果没有及时发现，月经血在阴道内积聚，成年累月以后可向上扩展到子宫腔和输卵管，通过输卵管的远端开口，流入腹腔中，使输卵管破损、肠管粘连、腹腔感染。

妈妈最想对你说的话

亲爱的女儿：

一提起处女膜，或许很多人就会联想到难以启齿的"性"。其实，处女膜就像我们的眼睛、鼻子、耳朵一样，是身体的一部分，我们应该正视它，不要带着有色眼镜对待它。

处女膜在胎儿3～4个月时出现、发育、形成，到青春期时的处女膜形态和厚薄各异。其孔隙可呈轮状、环状、半月状、筛状等多种形态。它是位于阴道口、阴道前庭内的一层黏膜组织，呈一圈环形皱襞状，宽约0.5厘米，中间有孔，以便月经血和分泌物流出。只有极少数女性天生没有处女膜，也只有极少数女性处女膜上没有孔隙，称为“石女”。

有些医学专家认为，处女膜的作用是保护女性生殖系统。这种学说认为，处女膜对女性的生殖系统乃至身体起着保护作用。它是一个保护自己、防止病邪入侵的屏障。处女膜守卫在阴道门口，它可以防止尿液流入阴道，防止细菌的入侵。少女的阴道壁比较薄，卵巢发育尚未充分，全靠处女膜这道屏障，保护内生殖系统、保护女性的生育能力。

还有的学者认为，在16～18岁以前，女性的身体没有发育完全，处女膜也就十分肥厚，这是一种避免过早过性生活的警戒装置。对女性来说，过早过性生活，容易因宫颈口反复的感染而导致宫颈癌。而且，过早开始性生活，对优生优育，也会带来不利影响。处女膜恰恰起到了这样一种预防的作用。

——爱你的妈妈

处女膜不完整就不是处女了吗

兰兰14岁那年，在一次上体育课时，因跳远时双腿跨越的幅度较大，用力过猛，导致阴道出血，当时她以为来月经了，还私下跟好友梅梅说：“今天真不幸啊，‘好朋友’说来就来，把裤子都弄脏了。”梅梅开玩笑地说：“刚才上体育课的时候，你练跳远很拼命，是不是把处女膜弄破了啊？小心以后嫁不出去啊！”虽然这是一句无心的玩笑，却引起了兰兰的担忧。

回家后，她忧心忡忡地对妈妈说：“妈妈，今天上体育课的时候，我的阴道出血了，是不是处女膜破裂了？”妈妈听了女儿的详细讲述后，脸吓得惨白，于是在那个周末带着女儿去医院检查，结果真的是处女膜破裂了。这一下妈妈呆了，她对女儿说：“你这个傻丫头，看你不小心，我看你以后怎么嫁人？”

兰兰委屈地说：“妈妈，有那么严重吗？难道处女膜破了，就不是处女吗？”妈妈只是低头不语，没有回答她。从那以后，兰兰一直被这个问题困扰着，直到有一天她在好朋友梅梅家玩，才从梅梅的妈妈那里得知“处女膜破裂并不代表不是处女”，在她的安慰下，兰兰心里的困惑消除了。

提到处女膜破裂的问题，很多人的脑海里第一时间会冒出这样的字眼“不是处女”“有过性行为”“不是好女孩”“肮脏”。在传统的观念里，人们总是把处女膜是否完好当做衡量女子是否有过性行为的唯一检验方法。在古希腊，新郎新娘入洞房时身后会跟随着两个被称为“马什特”的妇女，她们是破瓜的见证人。所谓“破瓜”，是指新郎把缠了白毛巾的手指伸入女子阴道，如果手巾上有血迹，就证明女子是处女，由“马什特”确认。

在我国历史上，“元红”的检查也流传颇广。虽然在宋代才有“验贞”的具体事例，但早在晋代的著作中就已提及验贞。不少文人在文学作品中对新婚之夜的“验红”有细腻的描写。在一些乡村，有些长辈对媳妇是否是处女非常关心，常常教导男方怎样验证女子是否为处女。他们所注重的，无非是女子的处女膜是否完好，以处女膜来鉴别女子是否失贞。虽然在现代社会中，失贞观念已经逐渐淡化，但在一些人特别是男人的头脑中，却很难做到不计较。

由此可见，年轻的女孩要自尊自爱，不要随便和人发生性关系。但若真的不可避免地发生了性关系，也不必背上太大的思想包袱。性交固然会使处女膜破裂，但处女膜破裂并非都由性交导致，比如剧烈运动、阴道用药、进行繁重的体力劳动等都有可能导致处女膜破裂。有些少女年幼无知，将异物塞入阴道或手淫时用力过猛等，也可能导致处女膜破裂。因此，处女膜与处女之间并不能画上等号，仅仅根据处女膜是否破裂来判断女孩是否行为不检，更是荒唐可笑的。

妈妈最想对你说的话

亲爱的女儿：

一般来说，女性的处女膜破裂就意味着不再是处女了，但并非都是这样。有些女性的处女膜虽然完整，但已不是处女了。有的女性确实与男性发生过性关系，但因处女膜膜孔大，弹性好，膜内血管少，加上在性交时男性比较温柔，不那么粗暴，多次性交后处女膜可能仍然没有破裂。相反，有的女孩因为某些意外导致处女膜破裂，比如，有的女孩在参加跳高、骑马、武术等比赛活动，很容易导致处女膜破裂。

有些女孩虽然身体状况很好，但是剧烈运动也容易导致处女膜破裂，比如骑车、跑步、游泳、跳远、体操等。有时候突然间的倒地也有可能使处女膜破裂。不过问题不大，有的可能会出点血，有的出血很少。有的女性在清洗外阴部、使用内置式卫生棉条不当，甚至在手淫时也会造成处女膜破裂。

所以说，处女膜不完整不代表不是处女，不能仅凭处女膜是否破裂来鉴定是否是处女。一般来说，如果你想判断处女膜是否破裂，需要经专业妇科医生进行检查后才能确定。女性自己是很难判断处女膜是否破裂的，仅仅以“阴道是否出血”来判断是不科学的。

长期以来的传统观念认为，处女膜就是处女的标志，处女膜的破裂就意味着女性不再是处女了。这是一种很封建的思想，仅凭处女膜的破裂来界定处女是很片面的。不过虽然使处女膜破裂的原因非常多，但是最主要的原因仍然是性交。所以，你应该对婚前性行为有清醒的认识，纵然这个社会对性观念逐渐开放起来，但还是有很多的男性有“处女情结”。因此，女孩子自重自爱很重要。

——爱你的妈妈

乳头的颜色深就不是处女了吗

晓芳是初中寄宿生，今年15岁，每当晚上同学喊她一起去洗澡时，她都用各种理由搪塞说不想去。时间久了，同学们都以为她是个不爱洗澡的女生，后来，去洗澡时就不叫她了。

其实，晓芳并不是不想去洗澡，她只是害怕同学们看到她的身体，她总觉得自己乳头的颜色很深，害怕同学们说她不是处女，尽管在她心中，根本就不知道处女到底是怎么一回事。

每次，都是等同宿舍的同学结伴去学校公共浴室洗澡后，晓芳才在自己宿舍的小洗手间里用脸盆来清洗身体。一天晚上，晓芳在宿舍凑合着洗完澡，刚想倒水，没想到脚下一滑，她整个人就倒了下去，正巧宿舍管理员从她们宿舍门前经过，听到里面乒乓作响，赶紧开门进来，这才把晓芳扶起来并送去了医务室，所幸晓芳只是膝盖擦伤，没什么大碍。

医务室里，除了晓芳、宿舍管理员，还有一位中年女医生。等医生为晓芳擦完药后，宿舍管理员阿姨问晓芳："你怎么不去学校的公共浴室，而是闷在宿舍洗澡？"

晓芳看到医务室再没有别人，就把自己的心事说了出来，没想到，她的话竟惹得身边两位阿姨哈哈大笑。

晓芳觉得自己窘极了，脑袋深深地低了下去。医生停止了笑声，坐在晓芳身边，对她说："你的想法是完全错误的，是不是处女，看的可不是乳头的颜色。你的乳头颜色可能跟遗传或是身体内的雌性荷尔蒙分泌有关系，所以，你的担心根本就是多余的。"

医生的话解救了晓芳，这之后，晓芳再也不怕和同学去公共浴室洗澡了。

很多人都以为处女乳头的颜色应该是粉红色的，如果不是，就说明她不是处女。其实，这种理论是没有任何医学依据的。

从医学上来说，女子妊娠后，从早孕开始，乳头、乳晕的颜色确实会加深，会从淡红色逐渐变为深褐色，这种变化主要是由于妊娠后体内雌激素和孕激素增加所致，属于正常的生理变化。

但是不能因为这样，就说乳头颜色变深的女性都不是处女。因为有的女性，在没有妊娠的情况下，乳头、乳晕的颜色也会慢慢加深。这种情况，可以去医院做一次乳房检查，如果没有检查出任何病变，那么，这种颜色的变化就说明该女性有"一过性"的体内雌激素增高，也许过一段时间，经过自身调节，等雌激素水平恢复正常，乳头、乳晕颜色也会随之恢复正常，这仍属正常的生理变化。

此外，乳头颜色和遗传也是有关系的，就像人的肤色，有的人白些，有的人黑些，不能因为某人的脸白就说人家患有乙肝。

妈妈最想对你说的话

亲爱的女儿：

没有想到你会因为自己的乳头颜色深而烦恼。妈妈想对你说，不要被那些不正确的说法影响，你一直还是那个纯洁可爱的小女生。

乳头的颜色深不表示你不是处女，告诉你一个秘密，妈妈青春期的时候乳头颜色也是很深的，我想这应该是遗传的关系。

此外，想要得到别人的尊重不是看你是不是处女，而是要看你能否做到自尊自爱，能否给他人带来帮助。

——爱你的妈妈

青春期发育要多久

夏柳14岁了，迟迟没有来初潮，班里的大多数女同学都进入了青春期，胸部凸起，个头长高，而她依然胸部平平，个头矮矮，还是像个孩子那样好动。有时候班里的同学会开她的玩笑：“夏柳，你怎么还没进入青春期啊？如果不抓紧时间，青春期结束了，你就没办法长个头了。”

虽然这只是一些孩子的天真玩笑，没有什么科学道理，但是也引起了夏柳的困惑。她时常问自己“我为什么还没进入青春期呢？这是病吗？如果晚进青春期，是不是无法充分发育呢？”带着这些疑惑，夏柳和妈妈开始了交流。

妈妈得知了女儿的困惑后，笑着对她说：“一般来说，女孩在10～12岁进入青春期，有的女孩会晚些进入青春期，但是你放心，青春期是每个孩子必经的过程，大约到18岁左右青春期才结束，所以你不用担心。”

一般来说，青春期的发育顺序有着以下的时间表：

（1）8～9岁：骨盆开始变宽，皮脂腺分泌增加。但这个阶段一般都不会有什么特别的感觉，多是在不知不觉中度过的。

（2）10岁左右：皮下脂肪变厚，臀部变得圆起来，乳房开始发育了。

（3）11～12岁：乳房继续发育、稍微鼓起；在阴部，准确地说是在大阴唇周围和耻骨处长出毛毛——阴毛；开始进入变声期，声音变高、变细。

（4）13岁左右：乳房显著增大了；阴毛越来越多，逐渐接近成人，且腋下也开始长出腋毛；这前后，很多女孩子的个子开始猛长；之后，很多女孩子就会有“初潮”——月经了。

（5）14～15岁：乳房基本发育成熟，胸部更加丰满了；手臂、臀部更加浑圆，腰部相对较细，骨盆明显变宽，身材逐渐显出女性的特征；生殖器官开始发育，月经基本形成周期。

(6) 18岁左右：乳房逐渐发育成熟，月经周期形成规律，性器官发育进入成熟期，身体发育得更加匀称，已经接近成年人，真的成为一个大姑娘了。

当然，这个时间表依然只是个参照，是个平均数；而且，人的发育过程是个延续的、渐进的过程，每个阶段之间不是“咔嚓”画条线那么明显，每个阶段延续的时间也会因人而异，有人这个阶段发育快，到另一个阶段发育却又放慢了速度……

妈妈最想对你说的话

亲爱的女儿：

女孩子在青春期的变化就像蛹儿化蝶一样神奇，但却要经历很多关口，慢慢发生改变。尽管有些关口是显露在外的，有的是“隐身”的，但总的来说是一步接一步，要经过多年时间才能完成的。

你觉得妈妈说的是不是有道理呢？前些日子你还为自己的“落后”感到沮丧，这几天你不就开始迎头赶上了吗？所以，妈妈要祝贺你，因为你开始长大了。由于个体差异很大，通常人们把10～20岁这段时间统称为青春期。因此，你有足够的时间发育成熟。妈妈想让你知道的是，在你还未进入青春期之前，要有一些心理准备，那样你才能更自然、顺利地走过这个过程。

——爱你的妈妈

“矮冬瓜”该怎么办

佳佳是一个15岁的漂亮女生，成绩也不错，却常常因为个头矮被同学们嘲笑为“矮冬瓜”。为这，佳佳没少哭鼻子，但眼泪并没有让她长高几公分，从初一到初二，两年了，她一直是班上最矮的那个。

为了弥补个子上的不足，佳佳每天都拼命的读书。两年来，她得到的大大小小的奖状都能贴满一面墙了，但这并不能让她开心，她始终在意自己矮小的身材。

一次上篮球课，本身就个矮的佳佳因为肚子不舒服，投了十几次球都没投中。这引来了一个男同学的嘲笑：“今儿总算见识了，什么叫‘矮冬瓜’投篮。”接着，很多同学都小声地笑起来。

佳佳含着泪继续投，仍然没有中，最后还是教体育的林老师喊她，她才停下。林老师让其他同学继续练，单独把她叫到一边，安慰道：“老师知道你委屈，不要在意那些话。”

“我本来长得就矮，就算他们不说，也改变不了这个事实。”佳佳坐在跑道旁边的台阶上，无力地说道。

“这一点都不像我认识的陈佳佳同学，你在老师心中，一向是最坚强、最努力的，现在怎么变得这么消极？”林老师眼中含笑，轻拍两下佳佳的肩膀，接着说道，“你知道吗？老师像你这么大的时候，个子比你还矮，那时也常被别的孩子嘲笑，刚开始我也很难过，但是后来我想通了，我想只要我好好锻炼身体、多吃有助于骨骼生长的食物，那么纵使长不高也没有什么可后悔的。”

佳佳用眼睛重新瞄了一眼林老师，不解地问道：“可是老师很高啊，为什么说自己很矮？”

林老师笑道：“这得归功于我的父母。从15岁时，爸爸每天早晚都会带着我跑步，而我的妈妈就会准备补钙的食物给我吃，慢慢地我就长高了。”

“那我还能长高吗？”佳佳好像看到了希望，一下子跳了起来。

“只要你不放弃，肯努力，我相信你一定会长高。”林老师语气笃定，没有一点敷衍。

佳佳一下子茅塞顿开，之前的自己看似坚强，却原来都是在逃避，根本就没有为自己的身高付出过努力。

佳佳向林老师道谢后，笑着往篮筐跑去，她决定不再自暴自弃，不再冷面示人。她相信，从现在开始努力，一切都为时未晚。

青春期女生常常被两个问题困扰，一个是体重，一个是身高。很多矮个子女生，常常会因为自己的身高而感到自卑或是情绪低沉。其实，在身体发育期，为这种事情担心是没什么必要的。毕竟这时候，身高都还没有定型，心情过于压抑，反而对长个不利。

想要让身高持续增长，矮个子女生可以尝试从体育锻炼、饮食和心情三个方面入手。

首先，多进行体育锻炼。体育锻炼可加速血液循环、加强人体新陈代谢过程、促进生长激素分泌、加快骨组织生长，这些都有益于人体长高。青春期女生平时应多做跳跃性练习、球类活动（排球、篮球），这些运动对骨骼发育是很有帮助的。

其次，多吃有营养的事物，尤其是含维生素和钙质丰富的食物。在青春期，维生素和钙的摄入是非常重要的，因为一旦缺乏维生素A就会使骨骼变短变厚，缺乏维生素C会使骨细胞间质形成缺陷而变脆，缺乏维生素D或钙会造成骨矿化不足，这些都会影响骨骼的生长。此外，人体体格正常生长还需要充足的能量、蛋白质、氨基酸、磷及微量的锰和铁，而这些是可以从肉、蛋、奶、豆类食物中获得的，所以，青春期女生在吃饭时应该注意荤素搭配，不要偏食，更不要吃过多的零食。

最后，保持心情愉悦。青春期的孩子如果精神过于紧张也不利于身高的增长，精神过于紧张会使骨骼生长速度减慢,从而影响身高。所以，青春期女生应该多和同学打成一片，每天让自己保持一个轻松愉悦的心情。

妈妈最想对你说的话

亲爱的女儿：

当15岁的你天天为自己的身高烦恼时，妈妈也很着急，我担心你会因为自己太矮而胡思乱想或做出一些傻事。

我知道女生天生都是爱美的，妈妈也希望把你打扮成可爱秀丽的小公主。但是，很多事情不能想怎么样就怎么样，比如身高，就不是一朝一夕就能迅速增长的，妈妈希望你在这个问题上，能学会等待和努力。

等待，就是让你不要急，毕竟你才15岁，而女生的身高一般在18岁才会停止增长。

努力，就是要告诉你，身高并不只是天生的，在青春期，我们也可以通过体育锻炼和饮食来促进它的增长。如果想快一点长高，从今天开始，希望你能多多参加体育锻炼，晚饭前和妈妈一起去跑步，和爸爸打打篮球。另外，丢掉那些没营养的零食，多吃些富含丰富维生素的蔬菜、水果，多吃鸡蛋、鱼、瘦肉，多喝牛奶。

——爱你的妈妈

月经初潮后就不长个了吗

小玉今年16岁，马上就要读高中了，但是她一直很担心，担心自己1.55米的身高会被新同学耻笑。

为了让自己在几个月内快速长高，小玉甚至想到了使用增高鞋垫以及吃市面上贩卖的增高药的办法。但是她的零用钱根本就不够买这些东西，她又不敢跟爸爸妈妈说，只好每天把妈妈给她的午饭钱省下来，自己饿肚子。

这样坚持了一个月后，一天晚上，小玉的妈妈把她叫到一边，问道："小玉，你最近到底遇到了什么事，我看你每天回来都有气无力的。"

小玉本来还支支吾吾的不肯说，又拗不过妈妈一直追问，才小声说道："我，我想存钱买增高药。"

听到这个，妈妈吓了一大跳，慌忙问道："你没有吃这些东西吧？"

"还没有。"

妈妈这才放了心，和小玉一起坐到沙发上说道："小玉，你怎么会想到买增高药呢，你难道不知道，随便吃增高药，不仅不会起作用，还要影响你的身体发育和健康。"

小玉一直把增高产品当成自己改变命运的秘密法宝，听妈妈这么说，她的情绪有些崩溃，带着哭腔说道："如果这些药没用，那我怎么办？两年前我的'好朋友'已经来了，我想我再也不会长个子了。"

妈妈看到女儿这架势，一边递纸巾一边安慰道："你这傻孩子，谁说你不会长个子了，你才16岁，骨骼还没有发育完呢。也许你自己都没有发现，其实你每隔几个月都能长高一点。"

"真的吗？"小玉破涕为笑，抻着妈妈的衣袖追问道："我真的没有停止长高吗？"

妈妈把女儿揽在怀里，肯定地说道："当然了，你就安安心心地准备中考吧，妈妈保证你的身高会像你的成绩一样芝麻开花——节节高。"

很多青春期女生都认为，一旦自己来过初潮后，就很难再长个子。其实，这个想法是没有科学道理的，相反，女生在初潮到来之后，才会迅速长个。

世界卫生组织经过对大量女性生长发育情况调查后提出：女性的青春期为

10～20岁，月经来潮标志着女性青春期的开始，月经来潮之后是女性身高迅速增长的开始。

也就是说，如果女生在14岁左右月经来潮，那么，她的身高会在14岁之后迅速增长，到18岁左右基本定型，但在18～23岁，其体形和身高可能还会有些变化。也有个别女生在16～17岁才有月经来潮，那么她向女性体形的发展才刚刚开始，她的身高可能会在1～2年内迅速增长，也可能在1～4年内稍缓慢地长高和发育成熟。可见，女生的初潮到来的早晚，造成了有的人长个早、有的人长个晚。

女生在进入16岁之后，如果想让自己个子继续快速生长，除了身体自身的发育外，也应该在体育锻炼和营养的摄入上下工夫，千万不要因为减肥而不吃饭或是不吃肉食。

妈妈最想对你说的话

亲爱的女儿：

我的宝贝儿这么快就长成大姑娘了，妈妈真的很欣慰。一直以来，你都是妈妈的贴心小棉袄，你的喜怒哀乐也总是牵动着妈妈的心。

前几天，你跟我说，你已经经历过初潮，害怕再也不能长高了。我曾担心你会为此做一些傻事，还好你并没有做什么。

其实，你完全不用害怕，女生在初潮来过之后，象征着身体开始进入快速长个阶段，并不是你所想象的要停止长个。或许是因为你的身高一直在平缓地增长，以至于你怀疑自己已经停止了长个。从理论上说，你的身高至少还有两年的增长，这期间，你每个月的身高增长速度可能会极其缓慢，但是不要着急，耐心等待，就算半年只能长一公分，两年多下来，你也可以长不少。况且，每个人的体质不同，有的女生到了21岁左右还会继续长个。

最后我要说，好好学习，好好锻炼身体，这样才能成绩好、个子高。

——爱你的妈妈

为什么我的嗓音越来越奇怪

琪琪今年14岁，刚读初二。她是班里的文娱委员，因为天生一副好嗓音，班上的人都喜欢叫她“小黄鹂”。眼看着元旦快到了，这些日子，琪琪每天都忙着练歌排舞，希望能代表班级在学校举行的元旦晚会上拿奖。不过，不知道为什么，从前两天开始，琪琪就觉得自己的嗓子总是干干涩涩的，嗓子的分泌物也变得多起来。

其他一起排练的同学以为她是太累了，都劝她多休息。听着从自己嗓子里发出来的怪音，琪琪感到难过极了，这一天放学后，她没去排练室，直接回了家。

看到宝贝女儿可怜兮兮地呆坐在沙发上，琪琪妈妈关心地问道：“女儿，你这几天是怎么了，为什么总是闷闷不乐的。”

听到这些，泪花一直在眼中打转的琪琪终于忍不住大哭起来，一边哭一边趴在妈妈怀里说道：“我觉得我的嗓子快要坏掉了，总是很干涩，还发出一些怪音，我是不是生病了，我很害怕。”

琪琪妈妈听完，总算松了一口气，她轻拍琪琪肩膀，笑着安慰道：“傻孩子，每个女生在你这般大的时候都要经历这个过程，你并没有生病，而是进入了变声期。不要担心，明年这个时候，你的声音就稳定了。只要你在这段时间好好保护自己的嗓子，你就还是大家眼里的‘小黄鹂’。”

“是吗？我听妈妈的，我一定会保护好自己的嗓子。”琪琪明白是怎么回事后，终于破涕为笑了。

变声期是每一个青春期孩子都要经历的一个过程，对于女生来说，变声一般发生13～15岁，最迟到16岁左右。这段时期，由于喉头、声带发育，女生会觉得声音嘶哑、音域狭窄、发音疲劳、局部充血水肿、分泌物增多，甚至在唱歌时会发出怪音，而这些都属于这段特殊时期的正常反应。一般来说，变声期会持续半年至一年。这期间又分为三个阶段，即变声初期、变声中期和变声后期。

在变声初期，嗓音变化不大，说话、唱歌用的还是童声，但有时会让人觉得对自己的嗓音失去了控制能力，比如唱歌时会走调、很难发出高音、声音不能持久；在变音中期，嗓音的变化比较明显，说话声调会变低变粗，童声成分越来越少，成人声成分逐渐增加；在变声后期，嗓音已完全转化为成人的声音，但仍有一段时间存在声音不稳定、控制不自如的现象。一般情况下，变声期女生的声音会变尖，但也并不绝对。

很多青春期少年喜欢大声说话、大声唱歌，想通过这种方式来抒发自己的感情。可是如果在变声期还这样，就可能殃及自己正在生长的声带。变声期的声带是非常脆弱非常娇贵的，一旦不注意保护，就会使嗓子充血、水肿，或者发生声带小结、声带息肉等现象，而这样，轻则会导致发音疲倦无力、音调改变；严重的会导致声音嘶哑甚至呼吸困难不能说话。

所以在变声期要特别注意对声带的保养，并且尽量做到以下四点要求：

（1）正确使用嗓子，不要滥用嗓子大声喧哗或是高声歌唱。和同学或朋友聊天时要适可而止，不要一说话就停不下来。

（2）注意保暖，尤其是脖子处的保暖。尽量不要穿低领衣服，以防止口腔、喉部受冷、着凉，因为嗓子受凉会加重声带的肿胀和充血。

（3）生活有规律，保证睡眠充足，同时还要适量参加一些体育活动。体质增强了，对声带的健康生长发育也会有好处。

（4）尽量让嗓子保持温润。不要长时间待在过于干燥的房间，要适时地通风或使用加湿器，以防止嗓子因干燥而产生病变。

妈妈最想对你说的话

亲爱的女儿：

听到你说自己的嗓子总是干涩、沙哑，妈妈真的很心疼，但是想到这是女生们在青春期必经的一个过程，妈妈又感到很幸福，因为这表示我的宝贝女儿在一点点长大。

你的甜美的嗓音不仅是你的骄傲，也是妈妈的骄傲，我希望你能在妈妈的指导下好好爱护它，让它在经历转折后，发出更加动人的声音。

妈妈要求过你，在这段时期内要少说话，尤其是要避免大声喊叫，要注意保暖、保证睡眠、适量锻炼身体，这些你都做得很好，让妈妈很欣慰。

除了上面几方面的要求，妈妈还会在饮食上为你严格把关，也希望你能不再挑食，下面是妈妈对你的饮食建议：

⑴多吃富含丰富胶原蛋白和弹性蛋白的食物。人的发音器官主要是由

喉头、喉结、甲状软骨组成，这些器官都是由胶原蛋白质和弹性蛋白质构成的，此外，人的声带也是由弹性蛋白质薄膜构成。所以，变声期的女生应多吃些富含胶原蛋白质和弹性蛋白质的食物，如鱼皮、猪蹄、猪皮、蹄筋等。

(2)多吃富含维生素B和钙质的食物。维生素B_2、D_6能促进皮肤的发育，也有利于声带的发育；钙质可以促进甲状软骨的发育。

(3)要多喝水。温水的滋润可减少或清除喉腔的分泌物，以防止咽炎的发生。

(4)多吃米粥、清汤等细软的食物，而不是饼干、烧烤等过于干、硬、容易引起上火的食物。进食时也要注意细嚼慢咽，切忌不能狼吞虎咽，以防损伤咽喉。

(5)少吃或不吃辛辣刺激性食物。水煮鱼、毛血旺、辣子鸡丁、酸辣粉等食物固然好吃，但是因为太辣，多吃会刺激到声带黏膜，引起急慢性喉炎、咽炎。所以妈妈会把这些东西从餐桌上撤除。

希望宝贝能按照妈妈说的去做，就让我们一起等待你的好嗓子吧。

——爱你的妈妈

为什么汗毛越剃越长

进入青春期后，小雅的手臂上、小腿上长出了很多汗毛。夏天到了，她都不怎么敢穿裙子上学，害怕被同学笑话。一天，小雅把自己的烦恼告诉了好朋友彤彤，彤彤就给她献了一计：用刮胡刀把手上和腿上的汗毛剃掉，就可以继续穿裙子了。

这天回到家后，小雅刚放下书包，就冲进了卫生间，把爸爸的刮胡刀找出来，剃掉了手上和腿上的汗毛。剃完之后，小雅发现手上和腿上的皮肤光洁了许多。想到以后可以穿裙子上学，小雅就兴奋不已。

第二天小雅真的穿裙子上学了，那种清凉惬意的感觉，让她想起来心里就美滋滋的。可是，一个星期之后，小雅发现手上和腿上的汗毛又长出来了，而且长得比原来还厚，汗毛的颜色比以前更黑、更粗。这下她慌了，心想：为什么会这样呢？为什么它和我作对呢？于是她又躲在洗手间里剃汗毛。但这一次被妈妈发现了，妈妈笑着对她说："傻女儿，汗毛是不能用刮胡刀剃的，这样很容易引起皮肤过敏，而且汗毛越剃越长，越剃越粗。"

"天啊，真的是这样吗？彤彤真是给我出了一个馊主意。"小雅后悔地说。

对于很多刚进入青春期的少女来说，面对疯长的汗毛，她们往往感到恐慌不已。汗毛越刮越长、越长越浓密，确实是一个影响美观、让人苦恼的问题。如果少女身上不应该长汗毛的地方长出了很多汗毛，需要通过专业脱毛美容方法才能让汗毛消失。如果简单地用剃须刀刮毛，只会造成汗毛越刮越长，越剃越粗。

一般来说，少女的特点是毛发轻淡、皮肤白净细腻，但也并不是完全如此。在正常的女性中，毛发的分布有很大的差别。据有关资料记载，国外有人曾作过一些统计：15～44岁的正常女性，30%有小须，9%颊部汗毛明显，6%面部两鬓以下毛发较浓重，前臂与小腿毛发较黑较粗者分别为30%和70%。少女身上汗毛较重与遗传因素也有关。如果父母的汗毛较重，女儿的汗毛就可能重。

绝大多数多毛的女孩并非病态，对身体健康、婚后生育也无影响。如果想使局部毛发暂时脱落或减少，可在医生指导下应用脱毛剂，但只能暂时去掉毛发，不能根治。有人担心，应用脱毛剂会使毛发越来越粗。其实不会，因为毛发的粗细多寡，主要是由雄性激素的多少决定的，与使用脱毛剂并无关系。随着新技术的发展，现在激光技术也被应用于脱毛，但需到正规医院的皮肤科请医生实施。激光脱毛可达到永久脱毛的目的。

对于病态性多毛症应当予以治疗。病态性多毛症是指除了面部、胸部、下腹部及大腿都有浓重的毛发外，还有额角发际后缩、秃顶、喉结突出、声音低粗、肌肉发达等男性化征象，以及月经不调、闭经等现象。比较常见于多囊性卵巢综合征和肾上腺病变的患者。凡怀疑自己属于病态性多毛者，应该到医院接受检查，一旦确诊，应在医生指导下进行治疗。据统计，病态性多毛症仅占多毛症总数的5%。所以，绝大多数多毛的姑娘不必过于忧虑和紧张。

妈妈最想对你说的话

亲爱的女儿：

汗毛是生理上的一种表现，有利于排汗，对身体是有好处的。汗毛过多是因为荷尔蒙分泌过多，如果不是太影响正常生活可以不去理它，放宽心就好。如果你一定要去除汗毛，也不必急于一时，而应该等到青春期结束了，根据身上汗毛的多少再作决定。现在妈妈告诉你几个安全去除多余汗毛的小秘诀。

第一，在去除汗毛之前，先用热水润湿身上的汗毛，过了两三分钟后，就比较容易去除，但切忌淋浴太久，因为水分会使皮肤产生褶皱及膨胀感，除毛的时候会因为皮肤不够服贴而容易伤到皮肤。

第二，在除毛的时候，要顺着毛发生长的方向进行。先涂上脱毛膏，然后按照使用说明进行脱毛。

第三，清洁肌肤。脱毛的时候，难免会有一些毛发沾在身上，脱完毛之后用温水清洗除毛的部位，再用干净的毛巾轻轻擦拭。

第四，滋润保养肌肤。清洁肌肤之后，用润肤乳液涂抹剂保护除完毛的皮肤，让除毛后的肌肤更加温顺光洁。这样你就可以迎接美丽的夏天了。

你要记住，千万不要为了图方便而用镊子拔汗毛，那样会导致毛囊炎，也不应用剃须刀剃汗毛，剃毛器也不是好办法。总之，上帝赐予每个人的东西都不一样，汗毛并不是什么坏东西，你应该尽量接受它。

——爱你的妈妈

为何会长讨厌的小雀斑

“妈妈，你骗人，这香皂根本去不掉我脸上的雀斑。”小涵擦完脸后，嘟囔着将毛巾扔到了一边。

妈妈正在准备早餐，听到女儿的抱怨，只是哎了一声没有多说话，为了女儿脸上的小雀斑，她可花了不少心思，大小药店、护肤品店去了不知多少，但买回来的东西根本治不好女儿。

小涵看妈妈不理会自己，急得跺起脚来，嘴里不停地嚷嚷着：“我不去上学了，我不想被同学笑话。”

小涵爸爸看女儿闹成这样，过去安慰道：“小涵，别闹了，爸爸下周去新加坡出差，多买些祛斑的东西给你，你不要着急。”

“你可别乱买，女儿还小，不能乱用东西。我看我这周末还是带她去医院看看吧。”妈妈把饭菜端上桌后，对小涵爸爸劝阻道。

小涵闹得更厉害了，大声嚷道：“我不要去医院，他们根本治不好我，我要去美容院。”

小涵的爸爸妈妈听完一怔，女儿竟然想到了美容院。

“这，小涵，你才多大啊，皮肤最是娇嫩的时候，等你再大些，妈妈再带你去，好不好？”妈妈着急地劝说着。

“我不要等，我就要马上去美容院。”说完，小涵快步躲到了自己房间，还关上了房门，放言说不带她去美容院就不出来。

门外的爸爸妈妈皆是无可奈何，这也不能怪女儿，谁让女儿脸上的雀斑是遗传他们两个的呢。

雀斑是一种褐色或淡褐色的斑点，为针尖或豆粒大小，直径一般在2毫米以下，呈点状、圆形、卵圆形或各种不规则的形态，分布在人体面部，其中鼻与两颊周围最为常见。雀斑分布于人脸的数量各不相同，少则几十个、多则成百，多数呈密集分布，但互不交融，而是单个存在于人体面部。对于少数情况较为严重者，在耳朵前后、颈、肩臂、手背等部位，也可看到雀斑的分布。这些雀斑，夏天经阳光照射，颜色加深，冬季变浅。

雀斑一般始发于5～10岁的儿童，女性明显多于男性。关于雀斑的成因，医学界认为是由遗传基因引起的。在紫外线的照射下，雀斑遗传基因基底层的酪安酸酶活性增加，于是形成黑色素，也就是雀斑。雀斑因为遗传关系，与生俱来。

对于遗传性雀斑，可分为显形斑和隐形斑。显形斑形成于6～12岁，18岁左右到达高峰；隐形斑却大多在妊娠反应后出现于面部，女人在怀孕后因为内分泌的变化，会使隐藏的雀斑爆发出来。之前有人把雀斑分为先天雀斑和后天雀斑，就是因为不了解孕妇脸上的斑点也是由雀斑遗传基因引起的。

雀斑可以隔代遗传。有的父母双方都没有雀斑，而孩子却长出雀斑的原因就是父母双方均携带雀斑基因，将雀斑基因传给了孩子。总的来说，父母或是再上一辈的亲属中有长斑的，孩子长斑的概率就很高。

青春期女生都处于爱美的阶段，自然不喜欢脸上的小斑点，所以总是想方设法地要将其除去，不过总是收效甚微。很多没有找到正确方法的，就乱投医，反而让雀斑越来严重，这是很遗憾的事情。

目前，冷冻疗法对治疗雀斑有不错的效果，治愈率达99%以上。其方法是将−196℃的液氮，接触喷到雀斑上，经过7～10天，雀斑会自己脱落，而且不留痕迹。

不过对于青春期女生来说，利用医疗可能还为时过早，想要祛除雀斑，可以尝试下列偏方：

（1）将新鲜的胡萝卜捣碎挤汁，取10～30毫升，早晚洗完脸后涂抹于雀斑处，待干后洗净。胡萝卜含有丰富的维生素A原，维生素A原在体内可转化为维生素A，维生素A具有滑润、强健皮肤的作用。

（2）将冬瓜子去皮取仁与桃仁等分研细末，与上等蜂蜜混合成膏状，每晚睡前涂抹于雀斑处，第二日清晨洗去。

（3）每天喝一杯西红柿汁，或经常吃西红柿。西红柿中含丰富的维生素C，维生素C可抑制皮肤内酪氨酸酶的活性，减少黑色素的形成，从而从根本上消退黑斑。

（4）将柠檬榨汁，加少许糖饮用。柠檬中含钙、磷、铁和B族维生素等，每100毫克柠檬汁中含有的维生素C含量可高达50毫克。常饮柠檬汁可以防止皮肤血管老化，消除面部色素斑。

（5）洗脸时，在水中加入一两汤匙食醋，可淡化斑点。

（6）将茄子切成片，每天擦于雀斑处3～5次，10天为一个疗程。

（7）每日早晚餐后各饮一次黑木耳红枣汤。做法：取黑木耳30克，红枣20枚，将黑木耳洗净、红枣去核，加适量水煮半个小时。

（8）用棉球蘸2%的柠檬溶液和3%的氧化氢水溶液，再点2～3滴氨水，每天往脸上搽3次。

妈妈最想对你说的话

亲爱的女儿：

爸爸妈妈也想快点去掉你脸上的小雀斑，但是我们不能带你去美容院，因为那是要承担很大风险的。妈妈就听说过很多有雀斑的人去美容院，不仅没有把雀斑去掉，反而让雀斑连成了片状，美容变成了毁容。况且就算美容院能够去掉你脸上的雀斑，但是那些激光对皮肤是有很大伤害的，你才15岁，为了祛斑而给皮肤造成损害，是得不偿失的。

而且，你现在的雀斑还在生长，青春期后的女生，多数到了20岁以后，雀斑才会停止发展。如果到了20岁，你仍然被雀斑困扰，我不会阻止你利用科技医疗手段来祛斑。但是现在，我希望你能用健康的方式来对待脸上的雀斑。

最近，我又请教了很多祛斑成功的人，他们告诉我很多有效的方法，每天多吃含维生素C和维生素E的食物，就可以慢慢淡化、减少雀斑。

此外，雀斑颜色的轻重、斑点数的多少还和光照、年龄、地域、生活环境、心情有关。我希望你能保持愉悦的心情、充足的睡眠、健康的饮食，让雀斑自动远离你。

——爱你的妈妈

Part2：心理上的秘密

XINLISHANG DE MIMI

青春期的女孩，内心充满了希冀与期待，她们既渴望独立成长，又希望得到朋友、师长的关心与支持。

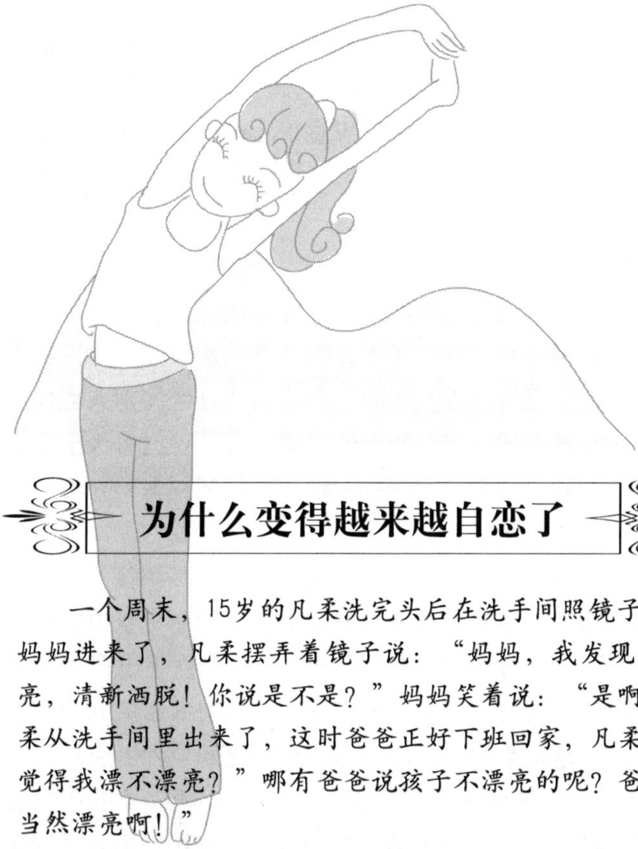

为什么变得越来越自恋了

一个周末,15岁的凡柔洗完头后在洗手间照镜子、吹头发。过了一会儿,妈妈进来了,凡柔摆弄着镜子说:“妈妈,我发现自己洗完头后显得格外漂亮,清新洒脱!你说是不是?”妈妈笑着说:“是啊,是啊!”没过多久,凡柔从洗手间里出来了,这时爸爸正好下班回家,凡柔便娇气地问:“爸爸,你觉得我漂不漂亮?”哪有爸爸说孩子不漂亮的呢?爸爸笑着说:“那还用问?当然漂亮啊!”

在学校的宿舍里,凡柔经常问同学一个问题,那就是:“你觉得我漂不漂亮?”有一次,凡柔问一位与她关系不是很好的室友这个问题,室友没有给她面子,回答道:“我没发现!”这下凡柔可急了,还好她没有做出过激的举动,只是一脸认真而又感到失落的样子,说:“……做人要诚实,诚实可是我们的传统美德啊,你怎么可以不诚实呢?”室友没有理会她,不然估计会吵起来。

又一天,凡柔一脸不高兴地对同桌说:“我的朋友好过分,气死我了!”同桌忙问:“怎么了?”“他竟然发了张美女的图片来打击我,气死我了!”同桌难以置信地说:“还有人能比你更漂亮?”“不信你看嘛!”凡柔掏出手机,把那张图片翻出来。同桌一看,顿时无语了,原来凡柔说的美女图片就是她自己。

再一日,凡柔回到家里,一脸失落的样子,躺在沙发上不停地叹息:“烦死了!”妈妈问她怎么了。她慢慢地坐起来一脸苦恼的样子说:“我真的烦死了,为什么我长得这么漂亮呢?烦啊!”妈妈简直哭笑不得。

进入青春期后，由于女孩身体的迅速发育，很快出现了成人的相貌特征。这种较为明显的生理变化，既会使女孩子感到迷惑不安，也会让她们自觉不自觉地把精力从外在的客观世界转向了主观世界，在思想意识上再一次指向了自我，自我意识出现前所未有的发展和强化。这就是青春期阶段的第二次自我意识的飞跃，也是她们心理发展的标志。

在青春期，女孩已经能够正确地认识客观世界，能够知道哪些是自己的想法，能够了解并考虑别人的感受与想法，但是却很难区分自己注意的焦点是否是别人注意的焦点。于是，在自我中心的思维方式下，处于青春期阶段的女性经常会有这样的现象：她们非常关注自己的仪表、相貌、形象，并且认为别人也像自己一样关注。在这种心理下，女孩会凭空制造假想的观众，感觉自己每天生活在一个大舞台上，随时随地在别人的注目之下，一举一动都会得到别人的评价、审视，或赞扬，或批评，或欣赏，或嘲讽等。

就像凡柔，其实别人可能只是为了不打击她而恭维一句“你真漂亮”，甚至别人根本没有看她，但她却认为别人在注意她、觉得她很漂亮。而更重要的是，从心底深处，女孩非常希望被别人关注、被别人重视，所以会假想出很多“观众”，变得非常在意自己的形象、行为、穿着，并在这上面花费大量的时间和精力。由此看来，女孩的“自恋”是正常的，是青春期心理变化的一种反应。

有一组外国漫画——《一个女孩的一天》，描绘了一个十一二岁的小女孩一天的经历：起床，照镜子，打扮，与一个年龄相仿的男孩一起玩，男孩送给她一朵花，还吻了她，然后回家，写日记，最后在写完日记的美好心情中甜蜜地入睡。可以想到，这个小女孩对自己是何等满意，白天的经历证明了她对自己的满意是何等正确。这样的事当然应该用有温馨色彩的日记本记下来，以便将来一遍遍重读，满足自恋情结。

妈妈最想对你说的话

亲爱的女儿：

妈妈明显感到你长大了，有了一种越来越成熟的气质。在这美好的青春年华，每个女孩都会或多或少地表现出自恋的倾向。相信你一定听过《酸酸甜甜就是我》这首歌，里面有一句歌词唱到“青春期的我，有一点点自恋”，可见，青春期的自恋是很正常的。

一般性的自恋不是坏事，适当自恋有助于提高自信。比如，艺术家自恋一点，有时候不仅不是坏事，反而可以增加他们的个人魅力。但适度很重要，自恋就像炒菜要放盐一样，盐放少了则淡而无味，盐放多了便难以入口。

自恋是一种自我欣赏，自恋者非常在乎别人是否关注自己，并且期望得到别人的认同或赞美，但因为缺少与他人平等相处、沟通的能力，所以活得很累。自恋是人性中广泛存在的心理现象，但自恋也会自伤，自恋者的很多利益都会因为自恋而受到损害。

第一，自恋者会对赞美成瘾，为了获得赞美，她们往往不惜一切代价，比如有的人冒生命危险而求得“天下谁人不识君”的知名度，这种极端的自恋情结是一种自毁、自虐。

第二，过度自恋是一种非理性的行为，自恋者本身无法控制它，所以很难获得内心的宁静，很容易被无形的鞭子抽打。她们只知道朝前奔走，但却没有一个可感知的明确的现实目标。

第三，自恋者也明白，不可能总是从别人那里获得赞美，所以，她们会不自觉地限定自己的活动范围，以回避外界任何可能伤及自恋的因素。这样就影响了他们的正常活动，使得无法在有些领域获得锻炼。

妈妈想告诉你的是，自恋一点没什么关系，但不要自恋过头了，自恋过头就是没有自知之明，就是惹人讨厌了，相信你已经明白了这个道理。

——爱你的妈妈

为何会对某个男生很迷恋

蕊蕊16岁那年，忽然迷恋上了她的同学，也是她的好朋友的哥哥——一个正在读高三的学生。每到周末，蕊蕊都会找出去同学家玩的理由。妈妈心里很清楚，蕊蕊是想和她喜欢的男生接触。

其实，妈妈并不喜欢蕊蕊迷恋的那个男孩，因为他吸烟、喝酒、打架，而且根本不像个学生。但当妈妈把这些事实告诉蕊蕊时，蕊蕊却固执地不听，她根本看不到这些，她只看得到那个男孩完美的一面。

一次偶然的机会，蕊蕊发现了她迷恋的男孩是个酒鬼，而且经常喝得烂醉如泥，于是跑回家大哭了一场，并且在随后的几周总是一个人待在房间里。不过，最终时间让她恢复了往日的欢笑。

妈妈对此感到庆幸，因为蕊蕊仅仅是情感上受到了一些伤害，并没有造成更严重的后果。而且经历了这件事，蕊蕊变得更加成熟和理性。

青春期的女孩会忽然迷恋某个人，早期女孩迷恋的对象可能是与她们生活有直接关系的人，比如她们的老师、同学、朋友等。有时候她们也可能迷恋那些与她们生活没有关系的人，比如影星、歌星、英雄人物等。

当一个女孩迷恋她的同学或老师时，上课的时候她就会在不经意间多看他几眼，看他做什么动作，然后跟着他学。这样做是为了证明自己和他有缘，能够和他达成共识。如果一个女孩长得好看，她会把自己得意的照片发给自己迷恋的人看，或者会通过某种途径，让对方“不小心”看到。

当一个女孩迷恋一个异性，她会想办法靠近他，但在别人面前却装作讨厌他。当她看到自己迷恋的男生和别的女孩子打闹时，她心里会不开心。虽然女孩总是假装不在意他，假装视线不在他身上，可当他突然离开了女孩的视线时，女孩又会急着找她。

当别的女孩子议论他的时候，问她对他有什么看法时，她嘴上不说，但心里却高兴得不得了。她总会有意无意跟他说话聊天，无论现实中，还是在网络中，只要有机会，她就不会轻易错过。她总是通过各种途径打探他喜欢什么类型的女孩，以便知晓自己是否有机会。

妈妈最想对你说的话

亲爱的女儿：

你的迷恋行为是你成长过程中正常的现象，青春期的迷恋行为对你的成长有很重要的作用，它可以满足你对完美和圆满的渴望。但你这种狂热崇拜的表现很令爸爸妈妈担心，害怕你的情感被人利用，而使你上当受骗，害怕你看到崇拜对象的缺点而否定自己，害怕你的情感付出得不到回报而受到伤害……

妈妈知道，当你迷恋一个人时，很难接受爸爸妈妈的劝告，因为你没有亲眼所见对方全貌，你不相信自己的错误判断，只有等你看到对方的缺点和不足时，才会知道你的偶像也没有什么特殊的色彩，他也是一个普通的人，也有许多不足与缺点。你今天的迷恋会给你的明天留下受到伤害或幻想破灭的记忆，当你以后长大了回想起年轻时候的自己时，就会觉得自己曾经有多么的天真幼稚。

妈妈是过来人，妈妈在青春期的时候也有这种类似的心理，曾经迷恋一个人，后来才知道原来对方并没有什么出众的地方。当然，之所以你会迷恋他，是因为他的某些特点吸引了你。不过妈妈建议你更理智一点，去分辨对方优点下掩藏的缺点，这样才能提高你分辨理想与现实的能力，减少你可能会承受的失望和伤害。

——爱你的妈妈

喜欢和爱的含义相同吗

晚饭后，乐萱和妈妈玩起了“说真话”的游戏，游戏的规则是谁也不许说谎，必须实话实说。乐萱首先发言，她深吸一口气，问了妈妈一个敏感的问题：“妈妈，你像我这么大的时候，有没有喜欢过男生？”见妈妈没有立即回答，乐萱急忙提醒道：“妈妈，你一定要老实回答哦！”

妈妈沉吟了片刻，大声说：“有。”乐萱兴奋地继续盘问：“你认为那种喜欢是爱吗？”妈妈没有直接回答，而是反问道：“你认为喜欢和爱是一样的吗？”乐萱摇摇头，不知道该怎么回答。于是妈妈给她讲了一个故事：

有个10岁的女孩子对母亲说：“我好喜欢班里的一个男同学，我要嫁给他！”母亲对她说：“女儿，喜欢和爱的深度是不一样的。想嫁给一个人就要对他有深切、厚重的爱，爱是奉献，是给予，更是一种重大的责任，你现在还小，不能完全领悟爱的真谛。所以，你要好好读书，等你有能力理解爱的真谛时，才有资格成为别人的新娘。”

听完这个故事，乐萱更加迷糊了，就问妈妈：“那位母亲说的话是什么意思呢？”妈妈告诉乐萱：“爱一个人就要给他幸福，如果你暂时没有能力给他幸福，就要努力去创造条件。”妈妈这两句话精辟地提炼了爱的内涵。

接下来轮到妈妈问问题了，她开门见山地说：“你现在有没有喜欢的男生呢？”

乐萱毫不掩饰地说：“就算是有吧，不过那只是很平常的好感，听了你刚才的那番话，我知道那不是爱。”

妈妈笑着说：“嗯，很高兴你能告诉我实话。”说着，她抚摸着乐萱的头说：“我希望你把这种喜欢珍藏在心里，把精力放在学习上，这样你将来才可以赢得甜蜜的爱情哦！”乐萱点点头。

俗话说“哪个少女不怀春”，青春期的女孩会产生懵懂的爱意，但那是不是爱呢？其实不是。确切地说，那只是一种淡淡的喜欢，浅浅的好感。

如果喜欢一个人，你不会想到你们的将来，而如果爱一个人，你会憧憬你们的未来；如果喜欢一个人，你们在一起的时候永远是欢乐，如果爱一个人，你会常常为他流泪；如果喜欢一个人，当你和他好久不见时，你会突然想起他，如果爱一个人，当你们好久不见时，你会天天想着他；喜欢一个人，你看到的是他的优点，爱一个人，你是包容他的缺点。

喜欢和爱的区别就在于：当你站在你喜欢的人面前，你只感到开心，当你与他对视时，你只会微笑，但当你站在所爱的人面前时，你的心跳会加速，当你与他对视时，你会害羞。喜欢是一种心情，爱却是一种感情；喜欢是一种直觉，爱却是一种感觉；喜欢可以停止，爱却没有休止。喜欢就是喜欢，很简单；爱就是爱，很复杂；喜欢一个人并不一定爱他，爱一个人却是深深地喜欢他。其实，喜欢和爱仅一步之遥，但这一步有时候很遥远。

妈妈最想对你说的话

亲爱的女儿：

妈妈在像你这么大的时候，曾经也喜欢过男生，而且认为那就是爱，后来我才明白，喜欢和爱是两个差别很大的概念。喜欢更多时候只是一种好感，而爱却是一个厚重而神圣的话题。爱的内涵包括太多太多，不是一下子能说清楚的。爱是用行动来表示。爱的外延很广，有父母对子女的爱，有老师对学生的爱，有朋友之间的爱，有恋人的爱，等等。虽然有各自的特点，但有一点是共通的：爱是一种责任。

青春期朦朦胧胧的爱情是正常的心理，它不是洪水猛兽，它只是一串酸酸甜甜的葡萄，是一个青苹果。因此，只有等它成熟之后，才能品尝果子的甜美。现在，你喜欢某个男生不是坏事，既然喜欢，就不要让他难过，就应该尊重他，不应该打扰他，就应该和他做好朋友，这样才能为他分担忧愁，才能更多地为朋友付出。

把你喜欢的男生当成一个和你一样的平常人吧，忘记他的性别，从精神的层面去欣赏他，这样你们交往起来才会多几分轻松和自然，多几分坦荡。这样才能让对方更好地理解你、欣赏你。喜欢一个人并不一定要以恋人的形式表达，把事情想得简单一点，让自己的视野宽阔一点，高远一点，你就能很好地处理与异性的交往问题。

——爱你的妈妈

为何对“班花”既羡慕又嫉妒

14岁的芬兰上初中二年级，她长得很漂亮，眼睛大大的，皮肤水嫩水嫩的，说话轻声细语，加之她的父母是经营服装生意的，家里经济条件不错，而且她穿的衣服款式和花色都很时尚，这使她在班上非常引人注目，被很多同学称为“班花”。

既然是班花，那她一定有很多优越的地方，比如，老师挑选班干部，芬兰绝对是第一号候选人；芬兰要是遇到了什么困难，班里的很多男孩子都会主动去帮忙。

芬兰不仅长得漂亮，她的学习成绩也是数一数二的，这样的女孩自然招人喜欢。当班里许多男生都向芬兰大献殷勤时，有些女孩子觉得她抢了自己的“风头”，于是嫉妒感悄然而生。有时，她们趁芬兰不在座位时，将她的书藏起来，让她上课时找不到书，当她们看到芬兰焦急地找书、心神不宁时，她们会莫名地开心。

为了破坏芬兰在男生心目中的“美女”形象，有些女生经常在芬兰的衣服上做手脚，比如，把口香糖放在芬兰的座位上，让芬兰的裤子粘上，或者把一张写着贬损芬兰的纸条贴在她的背后，如“我是霉美芬兰”。

嫉妒心理是人类最常见的心理之一，美国一些心理专家调查发现嫉妒心关系着人的身心健康。嫉妒心强的人，在25年内有9%以上的人患有心脏病，死亡率高达13.4%。而嫉妒程度低的人相同的时间内仅有2%～3%的人患有心脏病，死亡率只占2.2%。

这是为什么呢？因为嫉妒情绪能使人体大脑皮层及下丘脑垂体促肾上腺皮质激素分泌增加，造成大脑功能紊乱，免疫机能失调，从而使自身免疫性疾病以及心血管、周期性偏头痛的发病率增加。医学家通过观察发现，嫉妒心强的人一般会出现食欲不振、胃痛恶心、头痛、背痛神经性呕吐、心悸郁闷、过敏性结肠炎、痛经、早衰等现象。

其实，嫉妒心理的产生都是极端个人主义和利己主义思想在作怪，它使人很难正确地认识客观事物，无法恰如其分地评价自己。对于处于青春期的少女来说，她们在相貌、成绩、受异性追捧程度等方面的差别，很容易导致她们“争风吃醋”。当少女产生了嫉妒心理后，她们往往感到十分痛苦，无法摆脱。如果任其进一步发展，很容易造成中伤、诋毁他人或自我消沉的恶果，这对青春期的少女的成长是非常不利的。

妈妈最想对你说的话

亲爱的女儿：

每个青春期的女孩子，甚至世界上每个人都有嫉妒心理，只是表现的程度不同而已。嫉妒是一种心理状态，是指当你看到别人的某些方面比自己优秀，而自己一时又难以达到时，会产生恼怒、不满、愤恨等不良情绪。从本质上来讲，这是一种不健康的、消极的思想。

在妈妈看来，青春期的女孩对“班花”产生嫉妒，其实也是一种羡慕心理，如果你也有这种心理，妈妈是很能理解的。嫉妒别人的好，说明你不甘于落后，说明你希望比别人更强更棒。可是你不能仅仅停留于嫉妒，因为嫉妒心理对你有很大的危害。英国哲学家培根曾经说过：“嫉妒这恶魔总是在暗暗地、悄悄地毁掉人间的好东西。”可见嫉妒的危害之大。

嫉妒心理影响人的身心健康。首先，嫉妒心强的人容易得身心疾病，由于长期处于不良的情绪中，容易产生忧愁、愤怒、抑郁等消极情绪，会严重损害其身心健康。其次，嫉妒心强的人不受人欢迎。当一个人嫉妒某个人时，就会对她表现得不友善、不热情，这样必然导致双方关系冷淡，所以，嫉妒心理是人际交往的绊脚石。你现在的主要任务是学习，而嫉妒心对学习会造成不良影响，使你学习效率大大降低。

看到没有，嫉妒心理确实不是什么好东西。最后我想告诉你的是，世界上没有十全十美的人，每个人都有自己的优点和不足。当你在某方面不如别人时，有可能这方面正是她的优点，而或者这一方面恰是你的不足，因此，过分比较有时候是没有意义的。

最关键的是，我们不能仅仅停留于嫉妒，如果你真的想赶超别人，就应该用行动证明自己。你也有自己的优点：也许你不漂亮，但你可能很善良；也许你不富有，但你可能为人热情，乐于助人；也许你的成绩不好，但你有积极进取的心态。总而言之，你要看到自己的优点，努力发扬自己的优点，做一个快乐的人。

——爱你的妈妈

可以给喜欢的人写情书吗

一天，依珊对妈妈坦言："我非常喜欢班里的一个男生，每天到班里我会第一时间看他有没有来，在我心目中他太重要了。"

妈妈平静地说："那个男生知道这些吗？"

依珊说："他知道我喜欢他，但不知道我到底有多么喜欢他。明天是情人节，我想给他写情书，而且已经写好了，准备放到他的书包里。"

妈妈有些吃惊，但随即冷静地说："真的吗？是不是有些着急呀？干嘛不多考虑一下呢？你说喜欢他，那你喜欢他什么呢？"

依珊不假思索地说："喜欢他的英俊、帅气……"

妈妈说："很好，英俊帅气的男生确实容易惹人喜欢，但是他喜欢你吗？"

依珊沉默了片刻，说："我不知道，我觉得他也喜欢我。"

妈妈摸着依珊的头，温和地说："女儿，既然你这么信任我，把你的秘密都告诉我了，妈妈就把自己当年对异性的朦胧好奇感告诉你。"接下来，妈妈给女儿讲述了自己当年那些懵懂的情感往事，通过故事告诉依珊，青春期的感情是多变的，是不成熟的，不要急于表白，否则很可能伤害彼此的友谊。

看着依珊不说话，妈妈拉着她的手，说："喜欢一个人的感觉是美妙的，这一点都不丑陋。但是好感和爱情不是一回事，像你这个年龄的孩子很容易将二者混淆。如果你真的喜欢那个男生，你就不要把情书给他，因为他很容易受到影响，到时候他学习成绩下降了，心情不好了，你也不会快乐，是不是呢？”

依珊点点头表示赞同，接着妈妈又说：“妈妈希望你把那封情书放在自己的抽屉里，妈妈不仅希望你和他多交往，还希望你和班里更多的男生交往，你甚至可以把男生带到家里来尝尝妈妈做的菜。”

看到妈妈如此支持自己，依珊终于放开了自己，大胆地和更多的男生交往，并时常带他们来家里做客。母亲还时常告诉他们要做好朋友，互相帮助。几年后，依珊升入了高中，当妈妈问她对当初那个男孩的感觉时，依珊说：“不知怎么了，我现在对他没有特别的感觉，我十分庆幸自己没有把那封信给他。”

青春期的你萌生朦胧的情愫，这是再正常不过的事情。然而那只是一时的感觉，如果任其发展下去，对你的身心健康是很不利的。如果你不慎坠入情网，往往难以克制自己情感的冲动，而当你向对方表达了爱慕之情并得到呼应后，你们很可能开始亲密地交往，于是你们恋爱了。表面上看这是一件美妙的事情，但实际上并非如此。因为早恋很容易分散你们的精力，影响你们的学习。慢慢地，你们开始逃避集体活动，和其他同学渐渐疏远，进而因为早恋而背上沉重的思想负担。这种心理状态会严重影响你的身心健康发展。

青春期的爱情是模糊的，那只是一种朦胧的好感，却被很多少女误以为是“爱”，因此当你觉得对某个男生有好感时，不要轻易表白，否则你很可能为自己的冲动行为后悔。正确地认识青春期的情感，学会正确处理青春期的情感烦恼，是你走向成熟的重要一步。

妈妈最想对你说的话

亲爱的女儿：

对异性有了好感是很甜蜜的事情，因为你的生命中多了一个能够引起你注意的人，每天你会因为看到他而高兴，也会因为看不到他而忧愁，你的注意力几乎全部集中在他的身上。其实这也没什么，不过妈妈建议你不要轻易写情书，向人家表白。因为青春期对异性的好感并不是“爱”，如果你冲动地表白了，而对方反应冷淡或彻底回绝，都会给你很大的打击，影响你的心情和学习。况且你们还要每天见面，那样是不是很尴尬呢？妈妈给你几点建议：

首先，你可以继续喜欢他，但千万不要告诉他。因为他或许没有思想准备，再说了学校也有明文规定，中学生不能谈恋爱，如果你突然向对方表白，会影响对方学习和生活，也显得你不够慎重、理智。

其次，千万不要把信塞在他的书包里。因为这份感情还不成熟，你需要给自己一些时间。也许你现在感情强烈，一旦环境改变了，接触面广了，也许你就不喜欢他了。到时候这封信还收不回来呢！

所以啊，你最好把信放在你的箱子底下，在心里珍藏这份美好的情感。等高考结束，你再看一看是否还喜欢他，那时你再向他表白也不晚啊！

——爱你的妈妈

收到第一封“情书”该怎么办

升入初三的灵灵第一次收到了情书，妈妈问她：“情书里写了什么？能告诉我吗？别是自作多情了。”

灵灵马上纠正：“不是，第一句话就是‘我喜欢你’呢！”我的天啊！女儿居然收到了一封真正的情书，妈妈故作镇静地说：“女儿，妈妈相信你能处理好这件事情，对吧？不过，我明显感到了你的得意，也难怪啊，这也是你有魅力的表现。”

灵灵不好意思地笑了，让妈妈没想到的是，女儿居然问她：“妈，如果你是我班上的一位男生，你会不会看上我呢？”

妈妈一惊，笑着说：“女儿，也许一时冲动，我会看上你，不过冷静之后，我就会改变看法。”

“为什么？”女儿一脸疑惑，妈妈说：“女儿，我暂时看上你，是因为你学习努力，热情善良，我改变看法，是因为你满足于现状，有点自我陶醉。想一想啊，谁会喜欢一个故步自封的人呢？只有积极进取的人才会有恒久的魅力，是不是呢？”灵灵若有所悟。

妈妈趁热打铁道："女儿，收到了情书，妈妈真替你高兴，因为有人开始欣赏你了。不过，妈妈觉得你不会因为这件事而得意忘形，更不可能因为这件事耽误学习，是吧？如果你总是想着这件事，自然会分散精力，这样你就会不思进取，那个喜欢你的男孩知道了，肯定会瞧不起你。所以我觉得你应该把这件事当成一种动力，专心学习，心无旁骛，这样全班同学都会喜欢你。"妈妈知道她的话似乎触动了女儿的心。

事实证明，妈妈的想法和做法是对的，情书没有令女儿受到过多的困扰，因为她在日记里诉说了自己的心情，妈妈为女儿的成熟感到高兴，面对诱惑，她能理智地说"不"。

青春期的女孩处于生理、心理发育的重要阶段，不但会对男孩产生好感，也会被男孩迷恋和追求。这种男女之间相互欣赏的好感是一种很正常的心理，因此你收到了男孩的情书也是很正常的，没有必要鬼鬼祟祟，生怕父母和老师看到，不妨主动告诉妈妈，和妈妈一起分享快乐的感受。

妈妈最想对你说的话

亲爱的女儿：

沉重的学习任务给你们增加了精神压力，你们渴望在疲惫中得到异性朋友的安慰，借此缓冲压力。因此，收到了情书是一件令你兴奋的事情，情书很好地表明你得到了男孩的赏识，妈妈为你感到高兴。

妈妈觉得"情书"两个字是那么美，无论到什么时候，它都有一种独特的美。情，用书写的方式去完成，这是多么优雅的美啊！很多女孩子都收到过情书，你第一次收到情书后是怎样的一种心情呢？高兴、紧张、害羞、激动，还是兼而有之呢？

展开信纸的那一刻，你在字里行间看到了一个男孩对你的朦胧爱意，看到了他的郑重和认真，看到了他为走进你的心所做的努力。收到情书，代表你被人欣赏和爱慕，这是对你的一种肯定，这足以令你有小小的骄傲。所以我想，即便你装得很厌烦，但心里却是甜蜜的。

收到情书，如果你对那个男孩也有好感，那就要学会珍惜你们的友谊，为了不影响你们的学习和友情，你不妨把那件事忘掉，就当它没有发生过，和往常一样与他交往，如果你不喜欢那个男孩，你也没必要假装喜欢，你可以直截了当地告诉对方“我不想早恋”。

有很多女孩子收到情书后，既高兴又苦恼，那种心情非常复杂，因为她们不知道该怎样回复对方，如果直接拒绝，又怕伤人自尊，如果不予理睬，又担心对方没完没了地纠缠。对此教育专家表示，女孩完全可以直接把自己的想法告诉对方，对于自己不愿意做的事情要勇敢地说“不”，可以告诉对方：“我们是朋友，但请不要让我做自己不愿意的事。”

妈妈觉得你也可以这样做，你说是不是呢？

——爱你的妈妈

男生喜欢什么类型的女生

当甜甜拖着重重的书包走进教室时，无意中听到前排几个男生在小声议论班上的小蝶，都在说穿了一件粉裙子的小蝶看起来很漂亮，很招人喜欢。

“男生都喜欢穿粉裙子的女生吗？”甜甜心里嘀咕着走到了自己的座位。

刚坐好，坐她旁边的小娜把脸凑到她耳朵边轻声呢喃道：“听说，咱们男生最近组织了一次票选。”

“选什么？”甜甜的好奇心被激发了出来。

“听说是选初二C班最受男生欢迎的四位人气女生。”尽管声音压得很低，甜甜还是能听出小娜声音里流露出的惊讶和向往。

“无聊。”甜甜撇撇嘴，一副不以为然的样子，眼睛却情不自禁地瞄向了班上的文娱委员李潇潇，李潇潇是出了名的美女加才女，甜甜觉得这样的人应该会讨男生喜欢。

就在两个小女生说着悄悄话时，她们身后的青青正托着腮帮望着她俩。“这两个家伙，不知道又在说谁的坏话。不知道为什么会有那么多男生喜欢和她们俩交朋友。”想到这个，青青收回目光，开始安静看书。想不通的事情她一般不会多想。

“喂，还没上课呢，休息一会儿。青青，好像有人在看你。”说话间，青青邻桌的小娟把手在青青眼前晃了晃。

“谁啊？”青青不禁问道。

“就是咱们班的第一帅哥，徐亮。”小娟言语间满是兴奋，好像被关注的是她似的。

青青满脸惊讶，瞪小娟一眼：“怎么可能，他喜欢的是漂亮女生，我又不漂亮。”

“谁知道男生到底喜欢什么样的女生呢？”小娟双手一摊，一副天知道的表情。

教室里唧唧喳喳，每个女孩好像都有自己的心事，所有言语都带着疑惑和好奇。

青春期女生，常常会问这样的问题：男生到底喜欢什么样女生？一些不够开明的家长，在听到女儿发出这样的疑问后，很容易把它和“早恋”或是“思想有问题”联系在一起。其实，女生有这样的疑问是很正常的，不能武断地将其上升到“早恋”这个层面上。

不过，不得不承认，很多女生由于受到内心性萌动的刺激以及电视言情剧的影响，喜欢和男生交朋友，也愿意向男生讲心事。而且，这个时期的女生都会有一种感情需求：把一种美好的想象寄托在某一个异性身上。潜意识里会把外表看起来还不错的同学想象成某个电视剧里完美的男主角形象。正因为如此，女生们会忍不住想，男生都会喜欢什么样的女生？

在没有人给出正确指引的情况下，有些女生会以为只要自己长相好、听话、肯牺牲，就能获得男生的喜欢。为了获得男生的关注，有些女生一下课就躲进卫生间，在镜子前整理自己的头发衣着，一直到上课铃响起时才肯进去；有些女生会没有原则地同意男生提出的不合理请求，比如，借给男生钱，替男生写作业；也有些女生会冲动地减肥或是不停买衣服打扮自己。其实，这些做法都是不理智的，真正想获得别人的喜欢不是费尽心思去取悦，而是自立自强，让自己从内到外都变得积极向上。因为只有积极向上的东西才能更持久、更真实、更有吸引力。

妈妈最想对你说的话

亲爱的女儿：

你说你想引起男生的注意，这个想法很正常但也有些危险。之所以说危险，是因为我担心你会为了吸引别人的目光而没有原则地做一些并不正确的事情，一旦你这样做了，你失去的不只是自己的原则，还有自己的尊严和主见。

女儿，你知道吗？内心成熟懂事的男生不会太过在意女生的外表，他们最欣赏的是做事认真、有主见的女生。如果你肯专注于学习，那么你在学习上的认真会是最吸引人的。

妈妈希望你在对待男女生关系的问题上，能够真诚、坦率、纯粹、理智，和男生相处要做到互相尊重、互相学习，不要沉迷于那些虚无缥缈的情感幻觉。

——爱你的妈妈

女孩长大了会变笨吗

进入高中后，翠彤班上的数学老师是一位德高望重很有教学经验的老师，他把枯燥的数学知识讲得深入浅出，非常受学生的欢迎。可是慢慢地，班里的女生发现了一个令人失望的现象：数学老师“重男轻女”！

如果男生遇到不懂的问题向数学老师请教，数学老师会表现出很高的热情，讲解特别细致，即使刚才在课堂上讲过，他也会不厌其烦地再讲一次。如果那个题目有难度，他还会赞赏那个男生，说他有挑战困难的勇气，并表示鼓励。可是当女生问问题时，数学老师的表现就截然不同了。如果问的问题是上课讲过的，数学老师的第一句就是：“这个题目课堂上不是讲过吗？”如果题目有难度，老师就说：“哦，这个题目你先别管了，把基础知识学好就可以了。”这让翠彤这个数学比较优秀的女生备受打击。

后来，每当翠彤遇到了难题，就会托男生问数学老师，或者问同学，或者自己冥思苦想，这无疑影响了她的学习效率。渐渐地，班里很多女生也开始讨厌这个数学老师，原来认为是“享受”的数学课成了“受歧视课”，原来在女生心中德高望重的数学老师成了“老顽固”。

最近一次阶段测验的成绩出来了，数学成绩本来很好的翠彤也没考好，翠彤觉得数学老师的言行是在向女生透露这样一个信息：怎么样？我说你们女生学不好吧。

翠彤弄不明白了，女生真的比男生笨吗？

许多科学研究结果表明，男性和女性的大脑在本质上没有差别。一位英国心理学家曾统计过某所大学毕业生的学习成绩，他发现成绩最好的和最差的都是男生多于女生，而成绩中流的，则是女生多于男生，这样双方的平均成绩并没有显著的差异。在那些偏重于抽象理论课程（如物理、化学、数学）的学习上，男生往往比女生更有优势，因为男生的抽象思维能力较强。所以，部分男生在初中、高中时期的学习成绩比女生好是正常的。

妈妈最想对你说的话

亲爱的女儿：

你真的相信女孩比男孩笨吗？妈妈可不相信啊。自从你上了初中，尽管你学习非常努力，但是男生常常会轻而易举地超过你。这种差异让你不知所措，为什么自己花了比男生多几倍的时间，成绩却没有男孩好呢？

其实，科学研究表明，“男生的大脑比女生的大脑聪明”这一说法是不成立的，所以，从根本上来讲，女生并不比男生笨。在小学阶段，女生的成绩可能普遍比男生好。这是因为女生不像男生那样顽皮好动，上课注意力比较集中，在学习上花的时间比较多，做作业也较细心。但是，进入中学以后，尤其是到了初二、初三以及高中阶段，大多数女孩进入了青春期，生理、心理成熟得较早，这就多了一份情感因素的影响，在学习时精力不那么集中。另外，男生在理科方面的学习较为有优势，女生在文科方面的学习较为有优势。这可能也是导致男生和女生成绩差异的原因。在这里，妈妈给你提供几条建议，帮助你打破“男生比女生聪明”的魔咒。

第一，认清优势科目，学会扬长避短。男女学生进入青春期后，智力上并不存在差别。客观地说，男女生的差别主要表现在学习兴趣和爱好方面，比如，男生多数比较喜欢数学、物理、化学，女生多数比较喜欢语文、外语、历史、地理、生物。有资料显示，在数学竞赛优胜者中，男生的数量是女生的13倍。实际上，男生和女生各有所长，男生的恒心、毅力、力量、速度、胆量等比女生强，可是女生的观察力、语言能力比男生强。又如男生解题的方法比较灵活，善于变通，但在写作文、叙述、描写以及对事物的观察和运用词汇方面不如女生，但他们的文章结构格式不拘一格，善于创新，在一定程度上弥补了语言表达上的不足。

有些女生成绩不好，是因为有自卑感，缺乏自信心，遇到难题就容易被吓倒，没有顽强的毅力和坚强的意志，没有一往无前的进取精神。遇到难题时，女生往往不愿意向老师或学习好的同学请教，这就妨碍了自己的进步。实际上，男女之间根本不存在谁比谁更聪明的问题，只要你充分认识自己的长处和短处，学会扬长避短，成绩就绝不会比男生差。

第二，找到适合自己的学习方法。人们常说“寸有所长，尺有所短”。一般来讲，理科知识有较强的概括性和抽象性，适合于男生学习。文科的知识描述性和形象性较强，更适合女生学。如果你没有看到自己在记忆和思维方面的特点，把过多的时间花费在抽象理论的学习上，往往会事倍功半，还容易背上“女生比男生笨”的沉重的精神枷锁。所以，你应该学会制定切合实际的学习目标，找到适合自己的学习方法，这样你的成绩就会有一个飞跃。

——爱你的妈妈

为长相而苦恼明智吗

曼荷是个初二女生，最近她觉得很心烦。因为她长得不高，也不好看，皮肤又黑，常常被同学讥笑，这很伤她的自尊心。有些同学可能嫌她长得丑，不跟她玩，她的朋友也不多。与此同时，曼荷很嫉妒班上的圆圆，她长得很漂亮，人也活泼，班上同学都爱跟她玩，男生都愿意帮她做事情，这一切都让曼荷嫉妒。

一个周末，曼荷对着镜子发呆、叹气，妈妈问了她几次，她才说：“妈妈，我对自己的长相很发愁，我觉得自己长得很丑。”其实曼荷根本不算丑，只是皮肤有点黑，不是很靓丽而已。这让妈妈感到很惊讶，因为她从来没有想到长相会对女儿造成这么大的心理压力。

妈妈安慰道：“你一点也不丑，你的气质不错，我觉得气质比长相更重要。你有很多优点，比如聪明、可爱、善解人意、善良，你能做很多别人做不好的事情。所以你应该自信起来，自信本身就是一种美啊！”

“可是我担心因为长相不好，以后没有男孩追我。”曼荷皱着眉头说。

妈妈笑了，说：“你这个苦恼妈妈很能理解，不过那是将来的事情啊，人们常说女大十八变，说不定你过几年就长得漂亮了呢？所以，你没必要担心将来的事情。妈妈觉得上帝为你打开了一扇门，也会给你关上另一扇门。尽管漂亮的女孩容易被人追，但是她们往往比较自负，不太好相处，学会与人相处比容貌漂亮更重要。”

“可是班里长得漂亮的女孩也容易相处啊。”曼荷嘟着小嘴说。

“那当然，可是你不要忘记了哦，漂亮女孩一般对自己关注度较高，期望比较高，但失望也往往比较大。这会影响她们生活的幸福感。有调查显示，人生活得幸不幸福，与她的长相是没有关系的。在妈妈看来，如果容貌没有给我们带来幸福，那它有什么用呢？”

“可是，长得丑会不自信，这很容易妨碍自己的幸福呀！”曼荷又嘟着小嘴反驳道。

妈妈笑了：“是啊，既然你知道自己因为长相不自信，那干嘛不想办法改呢？刚才妈妈说了，你有那么多的优点，你完全可以对自己说：我是一个出色的女孩，我很讨人喜欢。经常这样暗示自己吧，努力学习，友善待人，你就会越来越受人欢迎的。”

曼荷终于笑了。此后，曼荷开朗了很多，在学习上也很努力，和周围的同学、老师相处得很好。在班里，她比那些所谓的“班花”都受人欢迎，她简直可以称得上是“小明星”了。

当一个女孩子进入青春期后，就开始关注自己的外在形象。我们每个人都会经历一个青春期的发育过程，在这个过程中，我们的身体外部条件开始发生变化，比如高矮、胖瘦，而且身体的各个器官、机体也在不断地发育变化。随着生理的变化，我们的心理也发生一系列的变化，特别是我们的长相最能影响我们的心理。

就长相来说，据研究，世界上大多数人的长相一般，长得漂亮或长得很丑的人只占极少数。如果每个人都为自己的长相而苦恼，那世界上最少有一半多人无法生活，因为漂亮的人只占我们人类的很少数。判断一个人长得漂亮与否，与各国、各民族、各地区的文化有关，也跟每个人的审美观念有关。随着时代不断变化和发展，美丑有可能相互转化，有人认为“美”的，可能别人认为是“丑”；今天认为“丑”的，或许有一天成了“美”。

所以说，如果你现在就给自己的长相下结论，未免太过武断。你也没必要在意别人的评价，只要你自己觉得好，有自己的个性特点和优势特长，你就能赢得别人的认可和赞美。有句话叫“情人眼里出西施”，一个女孩在普通人的眼中美不美不重要，重要的是在喜欢她的人眼中是美的，这就足够了。美丽与否不是衡量一个人价值的标准，也不能决定一个人的成就大小，只要你努力学习，努力发挥自己的优势，找到自己的兴趣，你将来就会取得了不起的成就。

妈妈最想对你说的话

亲爱的女儿：

在妈妈给你写这封信之前，首先给你讲一个故事，妈妈认为这个故事能给你带来启发：

有个名叫珍妮的小女孩，总爱低着头，因为她一直觉得自己长得不够漂亮。有一天，她到店里买了一只绿色的蝴蝶结，店主热情地赞美她戴上蝴蝶结挺漂亮，珍妮虽然不太相信，但是还是非常高兴，她不由地昂起了头，和别人撞了一下她都没在意。

当珍妮走进教室时，她的老师迎面走了过来，“珍妮，你昂起头来真美。”老师笑着拍着她的肩膀说。那一天，珍妮得到了很多女孩的赞美，她认为一定是蝴蝶结的功劳，可是当她站在镜子面前时，却发现头上根本就没有蝴蝶结，这时她才想起来是在出商店时和别人撞了一下碰掉了。

什么是美丽呢？仅仅是相貌长得好，就是美丽吗？不是的，珍妮的故事告诉我们，美丽来源于自信。如果你勇敢地昂起头，挺起胸，笑着面对身边的人和事，那么你就能给别人美的感受。生活中，有很多少女因为太在意自己的外表，整天忧心忡忡，生怕别人说自己不漂亮，这样的女孩即使貌若天仙，还是缺乏吸引力，因为不自信的人是无法给人美的感受的。

建立自信，就意味着不随意被别人的评价左右你的心情。很多少男少女不太懂事，平时说话也是口无遮拦，无意之中说了不好听的话，对此你不必在意。同时你也应该学会尊重别人，不去随意评论别人的相貌，特别是不能贬损别人的相貌。这样你才有可能获得别人的好感。在此妈妈建议你多给别人赞美，这是赢得人际关系的重要方式。

除了建立自信外，你还应该树立正确的生活态度，积极参加丰富多彩、健康有益的活动，把自己的注意力从对相貌特征的关注上，转移到学习和健康高尚的业余生活中。比如多与同学进行健康的交往、树立远大的理想、努力学习。学习之余采取放松训练，比如参加适当的体育锻炼和劳动，这样可以缓解焦虑情绪，使内心平静、生活充满动力。

妈妈相信只要你勇于追求和不断努力，你就能得到自己想要的，无论是将来的事业和爱情，还是当下的学习成绩和良好人缘。所以，请不要低着头走路，昂起你自信的头，你就会把自己独特的美展现给别人。妈妈希望你能正确看待相貌，健康快乐每一天！

——爱你的妈妈

身体太胖了怎么办

有个女孩爱上了邻班的一个男孩，男孩长得高高的、帅帅的，是很多女孩心目中的小明星。可惜女孩长得很胖，是很多男孩心中的小丑。

每当下课，女孩都会抢先跑到窗口，往楼下望去，因为男孩会准时在那里打篮球。每天中午女孩总是第一个去食堂打饭，等着男孩出现。但是男孩却不知道有个女孩暗暗喜欢自己，他只知道邻班一个女孩很讨厌，每次看到那个女孩就觉得烦。

在一个冬天的夜里，女孩终于忍不住，向那个男孩告白了。男孩听了她的话先是吃惊，然后大笑起来，他指着女孩的鼻尖说："你太胖了，我不喜欢胖女孩。"

女孩感到很受打击，但她不愿意放弃，鼓起勇气说："如果我变瘦，你会当我的男朋友吗?"男孩无奈地表示那是不可能的，因为她实在太胖了。见女孩纠缠了半天，男孩只好答应。

女孩很高兴，从那以后，她就发誓减肥。每天她都早早地起来，围着操场跑步，一圈、两圈，直到两条腿都跑不动……早餐她只喝一杯牛奶，午饭和晚饭分别吃一个馒头，尽管室友都劝她放弃，但她就是不听。

突然有一天，女孩晕倒了，被送到医院，医生说她是过度疲劳造成的，需要休息和补充营养。班里的同学给她买了很多补品，但她却拒绝接受。出院之后，她一如既往地拼命减肥，尽管医生提醒过她不要这么做……

慢慢地，女孩的脸一天天地憔悴，她站在镜子前，看着自己瘦下来的身体,很高兴。因为她认为不久后就能得到男孩的爱。

可是有一天，她因为过度减肥再次进了医院，医生发现她得了厌食症……虽然她的体重达到了男孩的标准——92斤，但是男孩并没有接受她。

这是一个让人感到悲哀的故事，女孩为了变瘦、变美，采取了不正确的减肥方式，最后毁了自己的健康。虽然瘦是美的一种形式，但并不是美的全部，一味追求“瘦”而丢了健康，无异于舍本逐末、因小失大。

进入青春期的少女，第二性征开始发育，变得丰满起来。如果少女的体重超过标准体重的20%以上，并且看起来很臃肿，就可以认定为肥胖。青春少女怎样应对肥胖问题呢？有人说“胖人什么都不吃，只喝凉水也胖”。其实这种说法是没有科学道理的，凡事皆有因果，肥胖绝对是有原因的。除了遗传因素外，很重要的原因是饮食摄入量过多，而活动量又少，因此，女子减肥的重要原则是合理地节制饮食和增加消耗。

每个女孩都向往自己身材健美，体态轻盈，刚进入青春期的女孩爱美之心骤然增加，当你发现身边的女孩身材苗条，而自己身材肥胖时，会产生许多烦恼。排除遗传因素，女孩完全可以通过节食和锻炼来达到理想的体重。有些女孩会出现“青春期肥胖”，成年后就可能消失了。因此，专家不提倡青春期的孩子盲目减肥，因为减肥不当，很容易引起一系列的身体病症，而青春期身体如果不好，会影响今后的学习、工作和生活。就像一棵树，在幼年时如果没有好的营养，长大后也难以粗壮，难成栋梁。

妈妈最想对你说的话

亲爱的女儿：

每个女孩都向往自己身材健美，体态轻盈，尤其是刚进入青春期的少女，对肥胖则闻而生畏。妈妈很理解你受到肥胖问题的困扰，不过别担心，妈妈教你几招减肥的秘诀以及减肥时要注意的问题：

第一，不宜过分节食。你现在正处于青春发育期，身体需要营养，如果过分节食，会妨碍身体的生长发育，甚至导致第二性征发育不良，这不就是因小失大，得不偿失吗？而且节食的时候，整天精神差，挨饿时心情差。如果你真能忍受这种痛苦，那倒不如去锻炼，而且你想想啊，锻炼之后身体结实，健健康康，身材又苗条，这不是两全其美吗？

一味通过节食减肥还有一个隐患，那就是“节食—反弹—节食—反弹”，这样的恶性循环会把你的身材彻底毁掉。因为减少了肌肉，你的身体会瘦下去，但是通过反弹储备了脂肪，它们主要储存于你的肚皮和腰臀部。反复这样，你的身材会变得像青蛙一样——细胳膊细腿粗腰大肚皮。

你喜欢这样的身材吗?

第二，适当摄取热量。适当节食，减少摄入的总热量，对保持好身材是有好处的。想要适当摄取热量，就要注意各种营养的合理搭配，少吃动物脂肪，可用植物脂肪代替，这样可以避免人体内的脂肪堆积过盛；少吃高糖类食物，尽量别吃零食如奶油、巧克力、雪糕、点心等，以免增加热量。

第三，保持精神愉快，适当从事体力劳动或体育运动。抑郁寡欢会使人活动减少，也是不少女孩肥胖的原因之一，因此保持愉快很重要。适当从事体力劳动既可以帮妈妈分担家务重担，还有助于你的身体健美。平时应该多参加体育运动，如跑步、打球、跳舞、游泳、溜冰等。有句话叫“生命在于运动”，运动既可以减肥，又能让身体更健康。不过要注意控制运动量，因为你身体发育尚未完全，超负荷的体力活动会使身体变形。

如果你能坚持做到这样几点，妈妈相信不久后你就会拥有完美的身材，现在就开始努力吧!

——爱你的妈妈

青春期出现性幻想正常吗

佳美的家里充满书香之气，她从小受到良好熏陶，被父母视为掌上明珠。进入初中后，佳美的第二性征表现明显，父母很担心，便经常教导她：“女孩子要注意贞洁，不要让男孩子碰你，否则就会变坏；如果女孩子对男孩子产生了感情，将来就要变坏……”佳美把父母的话牢牢记在心里，小心地守护着自己的身体。

一次春游，佳美一个人走到一处树丛接电话，突然发现不远处的树丛间藏着一对男女，只见男的正在亲吻女人白嫩的乳房，同时他的手在不停地抚摸着女人的下面。佳美呆了，要不是有同学叫她，她几乎忘了离开。

在返程的车上，佳美脑海里浮想联翩。回到家，她一头钻进卫生间，想通过洗澡来冲洗肮脏的印象。她站在莲蓬头下，在温暖的流水下清洗自己白嫩的肌肤，可是她的手不经意碰触到乳房，突然间她全身仿佛来电了一样，一种无比美妙的感觉传遍全身，这让她不禁想起了丛林中的那一情景，于是双手不停地抚摸自己的乳房、阴部……

那天晚上，佳美失眠了，她满脑子都是男女交欢时的情景，阴部禁不住湿湿的。第二天回到学校，佳美感到精神恍惚，浑身不自在，她的眼睛看着黑板，脑子里却浮想联翩。“不行！不行！”佳美不断提醒自己，她责备自己太肮脏，发誓要赶走幻觉。然而，她越是强迫自己不去想，那种场面越在自己的脑海里兴风作浪。从此佳美充满了忧郁和担心，她害怕父母、老师、同学可能看出了自己灵魂的丑陋。

佳美的经历远远没有想象的那么严重，事实上，青少年进入青春期后，出现怀春现象是很正常的。女孩十二三岁月经初潮后，乳房慢慢隆起变大，体态丰满，臀部变圆，体内会分泌出大量的雌激素，性欲日渐增强，渴望与异性接触，而且表现形式也丰富多彩。例如，想看性爱方面的书籍、影碟，想看文学作品中关于性爱的描述，并由此开始性幻想。

很多青少年有一个疑问：在青春期对异性的渴望正常吗？为什么我总是幻想和异性亲密呢？其实这是很正常的。到了青春期，少男少女对性有高度的敏感性：当看到有关性爱内容的书籍或影片时，会产生莫名的冲动，男孩的阴茎会不自主地勃起，女孩的阴道会分泌液体；当看到漂亮的异性或健美的帅哥时，少男少女的脑海里时常会情不自禁地想入非非。于是，有的孩子会认为自己思想肮脏，行为龌龊，认为自己变坏了，为此感到很自责。其实这是没有必要的。

要知道，青春期性幻想都是因为青春期惹的“祸”。这是青少年在发育过程中遇到的正常生理和心理现象。人的性腺在出生后基本处于沉睡状态，在儿童期是不会产生性兴奋的。到了青春期，少男少女的性腺才开始发育并日趋成熟，在它的作用下，就会产生性激素。在雄性激素和雌性激素的刺激下，少男少女就会自然而然有了性意识、性冲动、性幻想，这是青春期发育中再正常不过的现象。

妈妈最想对你说的话

亲爱的女儿：

在青春期，由于少男少女的身体、心理等方面不成熟，还无法像成人那样，通过合法的夫妻关系满足自己的性欲望，于是常常在性激素的刺激下，产生与之有关的联想，我们称之为“性幻想”。

著名的性学家贺兰特·凯查杜里安曾指出过，在所有幻想中，性幻想是最为普遍和常见的，很难想象什么样的人会没有这种心理。在性幻想的过程中，会伴有相应的情绪反应，比如欣喜若狂或郁郁寡欢，由此获得一定程度的性满足。

对于处于青春期的女孩来说，有性幻想也是非常正常的性生理和性心理现象。但是，承认性幻想是正常的心理现象，并不等于说可以沉湎其中，因为青少年所要面对的事情还有很多，不应该把精力浪费在性幻想上，而应该专心对待学习，积极参与人际交往，锻炼自己各方面的能力。所以，妈妈给你提出三点建议：

第一，不要太把性幻想当回事，如果不由自主地有了性幻想，就幻想幻想，不必为此感到自责和害怕，你越是冷淡地对待，性幻想越容易消失。

第二，平时多关注一些校园活动，把精力集中到学习和丰富多彩的活动上去。这样能让你将精力分散一些，不会总是有时间去性幻想，当你忙碌于别的事情时，也就无心去性幻想了。

第三，尽量少看黄色淫秽书刊、影视，因为那些东西专门渲染男女性活动，充满了挑逗，对你的身心健康是不利的。

妈妈最想对你说的是，每个人的大脑活动都有一个特点，就是同一时间只有一个兴奋中心，这就是说“一心难以二用”。如果你能满怀兴奋地去做那些有意义的事情，性幻想自然会不辞而别。

——爱你的妈妈

性梦是正常的现象吗

一天早上，妙旋和雪枫一起结伴去上学，走在路上，遇到班里的一个男生。那个男生还算帅气，就是有些不修边幅，头发总是很凌乱，像鸡窝一样。所以班里的女生给他起了一个绰号，叫“大鸡窝”。

与“大鸡窝”相遇后，妙旋、雪枫和他打了招呼就各走各的。妙旋的脸突然红了，非常“可疑”，而且越来越红，红到耳根。雪枫有点奇怪，就问她："你怎么了？"

妙旋趴在雪枫的耳朵上，悄悄地说："昨晚我梦见他了。"

雪枫忙问："你梦见谁了？"

妙旋的脸更红了，说："'大鸡窝'啊。"

按理来说，这不是什么新鲜事，但惊讶于妙旋脸上的"红霞"，雪枫还是忍不住问究竟是怎么回事。

妙旋吞吞吐吐地说："我梦到，跟他……"

"跟他做什么啊？"雪枫非常好奇，忙追问道。

"跟他……我跟他都没穿衣服，在床上，接吻，拥抱……"

雪枫倒吸了一口凉气，问："然后呢？然后呢？"

"然后……然后……你还用问啊？"妙旋不好意思地说。

"再然后呢？"雪枫还一个劲地追问。

"然后就醒了。"妙旋说。

雪枫看着"大鸡窝"远去的背影，问妙旋："你喜欢他，是吗？"

"哪里喜欢啊，怎么可能呢？"妙旋大叫起来。

"既然不喜欢，那为什么会梦到他呢？还做那种事？"雪枫不解地问。

"我怎么知道呢？我也很纳闷啊！"妙旋似乎很无辜。

"你当时的感觉怎么样？"雪枫的好奇心又来了。

妙旋认真地想了一下，说："醒了之后我感觉挺不好意思的，也莫名奇妙，但梦里的感觉很美妙。"

俗话说"日有所思，夜有所梦"，梦境都能满足人们某种心理需求。当一个孩子性成熟后，如果无法获得性满足，那么就可能通过性梦来获得满足。性梦是指带有色情内容的梦，这是青春期男女身上普遍发生的现象。在一项研究中，研究者调查了250名大学生，结果表明：66.4%的被调查者曾做过赤裸裸的性交的梦，如果加上其他形式的性内容，那么几乎每个被调查者都做过类似的梦。

性梦指的是与性活动、性爱刺激、性信号或性关系有关的梦境，做梦者在醒来之后能朦胧地回忆起梦境的内容。在性梦中，男性可出现遗精现象，女性可出现性高潮等反应。性梦多见于青春期的少男少女，随着年龄的增长，性梦的频率会逐渐下降。

心理学家认为，性梦多半代表一个人最原始的性欲望"本我"，通常情况下"本我"中的性欲望会被明辨是非的"自我"和主宰道德判断的"超我"压抑着。当一个人的性欲望在潜意识中压抑了很久，就会通过性梦自发暴露出来，这是性心理、性生理发育正常的标志。性梦是一种自然的宣泄，就像打开水库大坝的安全阀一样，可以缓和累积的性张力、性欲望，有利于促进性器官功能的完善与成熟。

有些青少年将性梦与现实混淆起来，以性梦为耻，不断地自责，严重影响他们的情绪和行为，对身心健康造成极大的危害。心理学家表示，性梦实际上是人类一种完全正常的、无意识的或潜意识的性心理活动，也是人们健康、普遍、常见的自身性行为之一，它能够调节身体的性紧张和性冲动，是一种心理防卫机制。

性梦中的内容形式有：看到裸体的异性、与异性接吻、拥抱、被异性爱抚、爱抚异性、性交等。性梦中的异性有时形象清晰（往往是熟悉的人），有时形象模糊，有时甚至只是一个影子或部分器官。有时性梦中会有与同性接触的情节，做这类梦的人却是异性恋者，并没有可观察的同性恋倾向。有时性梦中会有性侵犯（强奸）的情节，做这类梦的人并非有性侵犯的倾向。

妈妈最想对你说的话

亲爱的女儿：

性梦中的情景是少男少女在清醒状态下不可能经历的形形色色的性行为，如拥抱、接吻、性交等，所以当你从性梦中醒来时，会感到恐惧、内疚、烦恼、羞于见人，觉得自己很肮脏，有犯罪感。如果你没有正确对待性梦，对身心健康就会产生不良的影响，会影响日后性观念的形成。

心理学家认为，性梦是一种无意识或潜意识的性心理活动，是性自慰的一种形式，是完全正常的现象。男孩女孩进入青春发育期后，体内会分泌大量的性激素，性欲逐渐产生，有了与异性接触的欲望，而且表现形式越来越丰富多彩，比如喜欢看性知识方面的书籍，喜欢摘抄文学作品中关于爱情的精彩描述，并由此引发联想。心理学家把这个时期称为对异性的憧憬期。只是这时的性需求无法在现实中获得满足，因此只好以做梦的形式来实现。

妈妈想告诉你的是，做性梦并不肮脏。性梦是一种自发的、不受你控制的心理和生理现象，梦不等于现实，你也不可能在做梦之后按照梦中的情景去做。所以，性梦不能被视为道德品质上的问题，你不必感到自责。性梦没什么大不了的，再怎么说也是一个梦。所以，只要性梦没有影响你的睡眠，不是太频繁的话，就不用太在意。

——爱你的妈妈

如何理解父母窥探隐私

白雪是一名初三女生。有一天，她早上出门去上学，没走多远，突然想起作业忘带了，就急急忙忙掉头往家跑。当她推开自己的房门时，看到妈妈正拿着她的日记翻看，她的抽屉全被打开了，好几本日记都被妈妈翻阅了。白雪愣住了，非常生气地质问妈妈："你为什么翻我的抽屉，随便看我的日记？"

没想到妈妈的火气比她的更大："怎么了？我是你妈妈，看你的日记有错吗？"

"可是你没有经过我的允许，你这样做是不对的。"白雪很愤怒地回答妈妈。

"小孩子有什么允许不允许的，别忘了我是你妈妈，好了，快去上学吧！"妈妈不屑一顾地对白雪说。

经历了这次事件后，为了对抗父母的窥视，白雪绞尽脑汁想了很多办法。那时她最喜欢做的事是把自己反锁在屋里，甚至还在放学的时候，偷偷地溜进家，让父母以为自己还没有回来。她感觉偷来的清静特别珍贵，哪怕只有片刻也好。

事实上，白雪躲在房间也没做什么见不得人的事情，无非是戴着耳机听听音乐，翻翻小说，写写日记什么的。但只要父母一进屋，在她身后走来走去，她就如坐针毡。她怀疑父母故意进进出出，装作找东西，其实就是为了窥探她。有时候，白雪恨不得能在头上顶一棵隐形草，她希望父母工作忙起来，忙到忘了她，别把那么多关注和管束放在自己身上。

有一次，白雪坐在桌前看书时，无意间一回头，妈妈正在门上的玻璃窗里看着她。不知道妈妈当时是有意还是无意，但白雪却如临大敌。她发挥所有的智慧来对付妈妈的窥探，先是把一面镜子放在桌子上，让它对着玻璃窗，只要妈妈的脸在玻璃上一露，白雪就立刻尽收眼底。但白雪心里并不踏实，因为她也做不到每时每刻盯着镜子。终于有一天，白雪找了个借口，在玻璃上贴了一张画，妈妈再也无法窥探她了。

隐私，是每个人藏在心里、不愿意告诉他人的秘密。每个成年人都有自己的隐私，处于青春期的你也不例外。随着你年龄的增长，你的生活领域、知识、情感都越来越丰富，自我意识、自尊意识也在不断增强，童年时无所顾忌敞开的心扉也渐渐关闭起来。但是，父母可能没有意识到进入青春期的你生理上已经成熟，心理上也把自己看成了大人，忽略了对你隐私的尊重。总认为他们是你的父母，就有权利进入你的世界，可以检查你的隐私，甚至粗暴干涉，私拆你的信件、监听电话、偷看日记等。

生活中，很多青少年和父母在“隐私”问题上有过不少交锋。一封封“地址内详”的信件让父母们疑心大起；你把真实想法写在了日记中，父母也希望能够“拜读”；有电话打到家里找你，父母更要例行检查……这些“关心”的行为会让青春期的你感到很不舒服。

为什么你喜欢把抽屉上锁呢？为什么你那么反感父母偷看自己的日记呢？这是因为进入青春期的你有了强烈的独立愿望，拥有了自己的隐私，渴望被他人尊重。这是你独立意识和自尊意识的一种体现。进入青春期后，你对父母的依赖逐渐减少，独立意识越来越强烈，成人化倾向明显，希望自己的自主性和独立性得到尊重。

尤其是当你不想与人交流的时候，喜欢把自己的想法写在日记里，这就是你心里的秘密。为了自由，你的秘密越来越多，时间久了，你会觉得跟父母的关系，像一场藏猫猫的游戏。一个躲藏，一个寻找；一个隐瞒，一个窥视。这样有意思吗？你可能觉得没有意思，其实父母也觉得没意思。

妈妈最想对你说的话

亲爱的女儿：

当你进入青春期后，不仅仅是父母不知该怎样爱你了，你也不知道怎样爱父母了。青春期是人生的一个薄冰期，你的心思会变得细腻，情绪更加敏感，就像走在即将解冻的脆弱冰面上，随时都有可能跌入进去，被坏情绪浸得满身冰凉。

当爸爸妈妈忍不住翻看了你的日记时，你会气愤不已，看到你极为不满的表情，爸爸妈妈也会很难过。爸爸妈妈之所以这样做，就是为了更好地了解你，妈妈想说的是，这不是在为翻看你的日记找借口，而是一句真心话。如果平时你能多与爸爸妈妈交流、说说心里话、讲讲近期发生的事情，爸爸妈妈也就不需要通过“偷看”你的日记来了解你。

说到这里，爸爸妈妈不禁感到遗憾，因为工作繁忙，爸爸妈妈渐渐忽视了你这个长大的孩子，没有抽出时间和你沟通，这也导致你在一定程度上不愿意和爸爸妈妈交流。当你发现自己的隐私被窥视了，非常生气，这不只是因为你觉得自己没有得到尊重，还有一个原因——体内荷尔蒙的作用，因为你处在青春期，荷尔蒙分泌旺盛，会对你的情绪产生一些影响，有时还会让你情绪起伏不定，一会儿满怀希望，一会儿沮丧消沉。这种负面情绪还会引起恐惧感、怨恨和愤怒。

说了这么多，妈妈最想说的是，我们懂得你有独立的意识和获得尊重的心理，我们知道私自窥探你的隐私是不对的，今后将不会再那么做。只希望我们彼此依然像你小时候那样敞开心扉，保持畅快的交流，当你有困扰的时候，不妨跟爸爸妈妈讲，那样爸爸妈妈会很高兴的。

——爱你的妈妈

为何会有挥之不去的孤独感

念桃是个初中生，她说："我现在为啥对父母的唠叨非常反感，发现老师也不像往日那么和蔼可亲，无论做什么，父母和老师都不理解我，以前和我无话不谈的同学，现在也不和我说话了，我真的好孤独啊！"

念桃表示，自从进入青春期之后，她就脱离天真活泼的儿童时代，经常有一种孤独感，心中涌现出一股说不出的烦躁，对同伴的嬉笑玩耍感到厌倦和讨厌，对父母的关心唠叨感到厌烦。她说自己以前非常信奉一句名言：走自己的路，让别人说去吧！想做一个特立独行的人。可是，现在她发现这样会使自己失去朋友，失去本来的风采和潇洒，多了一份冷漠和孤独。她渴望着走出孤独的世界，渴望有可以倾吐的对象，但她不知道该怎么做……

青春期的孩子一方面想表现独立和成熟，另一方面又特别希望和别人交流，但自己又不愿意敞开心扉，于是经常有挥之不去的孤独感。那么为什么到了青春期会觉得孤独呢？

美国学者认为，导致青春期孩子孤独的原因有以下三个：

第一，青春期的孩子没有明确自己到底是怎样的一个人。当别人的言行举止让自己不高兴时，就会想“是不是因为我长得难看”，“别人觉得我不值得关心”等，这是感到孤独的最重要的原因。

第二，青春期的孩子每升入一个学校，就进入一个新的班集体，之前的好朋友逐渐疏远，他们必须学会和新同学交往。但是与新同学交朋友并不是一件容易的事情，一旦结交朋友失败，他们就会受到很大的打击，这也是造成孤独感的原因之一。

第三，对朋友的期望过高。当好朋友和自己喜欢的异性朋友在身边时，你就不会感到孤独。但是好朋友和异性朋友不可能总是出现在你的身边，不可能总是那么细心周到地对待你，所以，当他们不在你身边或者跟别人谈笑风生时，你就感到失望。越失望，你越感到自己孤独。

如果青少年的孤独感没有得到及时消除，长此以往，会容易使他们变得孤僻、冷漠，还会导致以下问题：

（1）社会交往障碍。缺少社会交往是青少年感到孤独的关键原因，孤独又使青少年羞于交往，这样就形成了恶性循环。

（2）语言沟通障碍。孤独感强烈的青少年一般不太喜欢说话，他们更多的以沉默的方式去应对周围的人。他们不会主动与人交谈，常常自言自语，但别人听不懂他讲的到底是什么，他们以自己已有的小天地为乐。

青春期原本是一个容易烦躁的阶段，而且女孩子比男孩子更容易陷入抑郁和孤独。心理学家斯普兰格曾经说过：“没有谁比青年人从他们孤独的小屋里更加用憧憬的目光眺望窗外世界了，没有谁比青年人在深沉的寂寞中更加渴望接触和理解外部世界了。”青春期的孤独感其实是青少年自我意识发展的表现。

妈妈最想对你说的话

亲爱的女儿：

当你进入青春期后，你常常会冒出这样的想法和感触：“这个世界上没有一个人能理解我。”“我很孤独。”“我感觉被世界抛弃了，不能摆脱寂寞！”这是青春期的常见心理现象。因为到了青春期，你的生活会发生很多变化，不仅是生理上的变化，心理上也会逐渐成熟。你和父母开始有了意见冲突，你渴望独立，你喜欢结交新朋友，尤其是自己喜欢的异性朋友，时常觉得自己是大人了，应该拥有自己的世界……当这些想法和做法受阻时，你就会感到受打击，感到孤独。

青春期的这些生理上和心理上的变化，使你感到生活在与以往完全不同的环境里。有一天，你发现自己的世界与以前完全不同。这就是一个男孩或女孩变成一个少男或少女的时候。此时，你可能很惊慌，面对生理上的较快变化和心理上的较慢变化，你找不到控制的方法。你想改变这种现状，但结果总是让自己失望。

妈妈希望你不要失望，现在你需要忍耐和等待，随着你不断成长，你就会渐渐摆脱那种孤独寂寞的情绪。妈妈给你介绍几种调节孤独情绪的办法，帮你平稳度过青春期：

(1) 分解法。把所遇到的困难和孤独一一罗列出来，当你写出来后，你就会有惊人的发现，只要你各个击破，这些所谓的压力与孤独，就可以轻松化解。

(2) 想哭就哭。心理学家认为，哭泣能缓解压力与孤独。哭泣是一种排解苦闷与孤独的有效途径，哭过之后，你的情绪会趋于平稳，让你把不良情感抒发出来，这比埋在心里有益得多。

(3) 一读解千愁。读书可以使你在潜移默化中变得思想开阔、心情开朗、气量豁达，不惧压力与孤独。

(4) 穿上最爱的旧衣服。在许多衣服中，总有你最喜欢的一件，穿上它，能让你的心理压力与孤独感不知不觉地减轻。因为穿了很久的旧衣服能使你回忆某一特定的感受，并深深地沉浸在“曾经最美”的心态中，你的情绪也会随之高涨。

——爱你的妈妈

为什么你不由自主地自卑了

12岁那年，因为父母工作调动，静曼从乡村学校转到了城市学校，那一年她刚开始进入青春期，也第一次感到了自卑。

上学的第一天，静曼走入教室的时候，气派而明亮的环境把静曼镇住了。那么多陌生的孩子，个个穿着青春亮丽。因为个子小，老师给静曼在第一排找了个座位。第一节课刚下课，班里一个男生就把静曼的眼镜夺走，戴着玩。静曼不敢反抗，听之任之，好在上课铃一响，他就还给静曼了。

课间操时，静曼愣愣地站在第一排，一动不动，因为她不会做课间操。在原来的学校，也没有做课间操的习惯。静曼发现在这里做什么都要排队，不像原来的学校，大家一味疯跑。课间操结束后，全班同学排队上楼，体育委员问静曼："你怎么连做操都不会啊？要赶紧学，不然会影响我们班的分数的。"

静曼感到自尊心受伤了，回到教室，她默默地坐在座位上发呆。这时候班长走过来对她说，"赶快把桌子收拾一下。"这时静曼才知道课本要收拾好，桌面要保持整洁，一会儿会有值周的同学来检查打分。

很快，静曼就收获了一个不雅的绰号——小不点。因为生活条件不好，营养不太足，静曼比较瘦小，她跟同学比起来，实在是小了几号。那时候，班里的很多女同学已经是楚楚动人的少女了。这里的一切，跟静曼原来的世界完全不同，在这个世界里，静曼觉得自己是一群天鹅中的丑小鸭。

因为个子矮，静曼一直坐在第一排，同学们都把她当小孩儿，在别人光彩亮丽的青春面前，静曼只能是一个旁观者。因为自卑，所以沉默，甚至对那些身材窈窕的女孩子有些嫉妒。在自卑情绪的压迫下，静曼怎么也快乐不起来。上学放学，她总是一个人匆匆地走，那时候，静曼做梦都想自己长高10厘米……

自卑感是人在各类活动中产生的一种特殊的自我评价和伴随的体验，是青春期容易产生的一种心理障碍，几乎大部分青少年都有不同程度、不同方面的自卑感受。其产生的原因是复杂的，带来的危害是消极的。

自卑感是指在与他人进行比较时，对自己的相貌、身材、学识、能力、品质等作出过低的评价而产生的消极心理活动，通常表现为忧郁、孤僻、悲观等心理失衡状态。自卑感很容易让人把自己封闭在狭小的空间，让自己远离人群，这不仅会失去许多美好的机会，也不利于人际交往和人格的健康发展，还会抑制人的能力发挥和发展。

青春期，在生活和学习上自卑感较强的学生常常有一些不同于常人的表现：

（1）在个性方面表现为胆小怯懦，沉默孤独，心情抑郁，遇事冷淡且缩手缩脚，不太愿意与人交往，羞于见人，缺乏必要的生活勇气和信心。与此同时还会经常伴有一些特殊的情绪体验，如羞怯、痛苦、不安、失望、内疚、忧伤等。有自卑心理的青少年的主观体验和描述往往是"我不怎么好""没人跟我玩""没人愿意帮我""我很孤独"等。

（2）在待人处事方面自信心不足，过分谦虚，常常低估自己的能力，无法客观评价自己的长处和优势，不喜欢自己，不悦纳自己。当他们独处时，会有不安感，当他们接受夸奖和认可时，也会产生不安感。他们时常伴有悲观失望的情绪，不敢接受挑战。不仅如此，他们还喜欢拿自己的缺点和别人的优点作比较，由此对自己心怀不满，觉得自己一无是处，事事不顺心，生活充满了悲观、暗淡和沉闷压抑的气氛。

（3）有些上进心不强、学习落后而又性格外向的青少年，为摆脱自卑所带来的精神痛苦，或是为了寻求一时的心理满足，达到暂时的心理平衡，往往采用一些不正确的做法来惹人注意。比如，在课堂上起哄，引人发笑，在课余胡乱叫喊，无故欺负弱小同学或女生。他们试图以这些怪异的方式来显示自己的存在，进而弥补被人轻视和冷落造成的自尊心的缺失。

妈妈最想对你说的话

亲爱的女儿：

青春期是人生最珍贵、最美好的时光，在你的一生中会留下难以磨灭的深刻回忆。青春期最大的一个特点，就是充满变数。很多东西，比如身高、相貌、能力等，都处于不断变化之中，很多缺陷，经过时间之手的抚摸，就像青春痘一样，终会消失。所以，如果你因为它们背上自卑的包袱，实在是太不值得了。

青春只有一次，千万不要因为莫名其妙的理由自卑，模糊了年轻快乐的心，现在令你觉得非常自卑的事情，回头再看，根本微不足道。在这里，妈妈很想跟你讲一个故事：

蒋雯丽——罗马电影节影后桂冠的获得者，曾经是一个自卑的少女。她说自己当年是一个不团结同学并且孤独忧郁的少女。父母把她送到体校学体操，可教练看到她那么高的个子，便不愿意培养她，这让她感觉更加的自卑。22岁她才考上北京电影学院，在她的不懈努力下，成为了一代影后。

这个故事告诉我们，自卑心理完全是可以消除的，只要你有行动力。如果你不愿意改变自卑的现状，自卑感将会渐渐蔓延、扩散，最后成为你性格的一部分，这将严重影响你的社会交往，产生错误的心理定势，引发低成就动机和低自我价值感，妨碍学习、生活的正常进行，抑制个体能力的发挥和发展。

那么究竟该怎样做才能消除自卑心理呢？妈妈给你提出几条建议：

(1) 积极与人交往。多数自卑者会比较孤僻、不合群，喜欢把自己孤立起来。独处的时候，心理活动会转向内部，朝向自我，长期独处，心理活动的内容和范围会变得窄小，加之个人认识的局限，就会使心理活动走向片面。如果懂得积极与人交往，注意力就会被他人所吸引，从而感受到别人的喜怒哀乐，心理活动就不会局限在狭小的圈子里，心情就会变得开朗。与人交往还能多方位认识他人和自己，通过比较，慢慢调整自我评价，提高自信心。

当然，积极与人交往不等于滥交，而是要选择合适的交往对象。自卑者可以多与那些性格开朗、乐观、热情、善良的人进行交往，而不要和那些盛气凌人、冷漠孤傲的人交往，否则，只能加重其自卑心理。

(2) 正确对待别人的评价。青春期的孩子总是根据他人的评价和期望来认识自己的优势与不足。当别人对自己的评价较低时，如果盲目相信，你的自尊心和自信心就会被损害。因此，对于贬斥性的评价不能盲目接受。事实上，很多时候别人对你的评价不一定总是正确的，例如，发明大王爱迪生曾经被老师认为是“智力迟钝”，爱因斯坦上学的时候曾被老师斥责为永远不会有出息。相反，若能懂得把贬斥性的评价化为自己积极进取的动力，看成是对自己的鞭策和督促，就可以防止自卑感的产生。

(3) 正确评价自己，热爱自己。只有客观地与人比较，才能正确地认识自己，消除自卑。有句格言说：“你之所以感到巨人高不可攀，只是因为自己跪着。”自卑者应从中得到启示。正确评价自己，其实是悦纳自己，发扬自己的长处，把自己看做有价值的人去接受和热爱。这样可以提高自信，走出自卑的阴影。爱自己的另一种表现是注意仪表的修饰，穿着得体的服饰，这样能帮你建立良好的自我形象，从而提高自信。

(4) 确定合理目标，增加成功体验。自卑感通常是由于遭受过多的挫折和失败造成的，如果能增加成功的体验，就能补偿过去的失败，对于战胜自卑是非常有效的。刚开始的时候，不妨选择力所能及的事情，设置目标应恰当，常言道“跳一跳摘桃子”就是这个道理。目标既不能定得太高，也不宜定得太低，否则都无法增加成功的体验。

有位作家曾经说过：“一个自卑的人并非浑身缺点，但他从来拒绝看到自己闪光的地方，而以放大镜看待自己的短处……如果一个人总是处于自卑状态，那么他会成为自己的地狱。”因此，妈妈希望你消除内心的自卑感，成为一个自信的青少年，拥有健全的人格。

——爱你的妈妈

青春期的悸动正常吗

一天放学后，雪瑶来到班主任蔡老师的办公室，对班主任说：“蔡老师，我想跟你聊聊，好吗？”蔡老师看着她期待的眼神笑了。蔡老师爱笑，尤其喜欢在学生面前笑，她知道笑最有魅力，能让自己变得很有亲和力。看得出来，雪瑶心情特别好，嘴角洋溢着甜蜜的微笑，她眉飞色舞地给蔡老师讲了几个搞笑短信后，突然一字一顿地说：“蔡老师，我发现自己很喜欢和男生尤其是学习好、长得帅的男生在一起，还喜欢看关于爱情的小说和电影。”

蔡老师笑着说：“这有什么的，很正常呀，你正处于青春期，随着生理的发育，你会对异性产生好奇，对爱情产生向往。”

雪瑶听蔡老师这么说，一下子放松起来，她笑着说：“老师，我觉得自己好坏，有一天我趁父母不在家，我偷看了妈妈锁在书柜里的一本性爱小说，这在过去是从未发生过的事情。我真的担心自己是否变坏了，脑子里老想着和男生亲近。在和男生单独相处时，我会因心慌而心跳得厉害。我怕父母发现后批评我，所以想请你帮帮我。”

蔡老师看着雪瑶，轻松地笑着说：“是吗？这有什么，青春期的少男少女都有你这种心理，正常得很，这叫青春期悸动，当年我在你这个年纪，还暗恋过一个男生呢！”

雪瑶惊讶地问：“真的呀？”

“当然是真的，我什么时候骗过人？”

“蔡老师，实话跟你说吧，我也在暗恋一个人。我不知道他喜不喜欢我，哎，反正我要变感情为动力，刻苦学习。”

“你真是个懂事的孩子，老师听到你这样说感到很欣慰。”蔡老师笑着说。

“嗯，老师，我知道学习最重要，我才不会为了感情的事情去浪费宝贵的学习时间呢！”雪瑶越说越轻松。

蔡老师就这样和雪瑶聊着，气氛轻松而和谐。临别时，蔡老师语重心长地对她说：“记住，不管你有什么困扰，蔡老师都愿意成为你的听众，蔡老师相信你是懂事的女生，能把握好自己。你要记住，现在学习是第一位的，要把更多的心思放在学习上，少想、少看关于性方面的东西。”

“老师，我明白。”雪瑶使劲点头，背着书包走出了蔡老师的办公室。

像雪瑶的这种心理变化，我们可以称之为“性好奇”心理，大多数青春期的男孩女孩都会有，只是程度有所不同，或者藏在心里，没好意思说出来罢了。“性好奇”心理是青春期性发育必然带来的心理现象。生理知识告诉我们，少男少女进入青春期后身体会发生一系列的变化，尤其是女孩子的变化更为明显。同时，他们的心理也会发生一些变化，开始关注异性、想接近异性，与异性单独相处时有莫名其妙的兴奋感，这就叫青春期的悸动。

妈妈最想对你说的话

亲爱的女儿：

青春期的悸动是正常的心理现象，它还表现为对性知识产生兴趣，有了性欲望和性冲动，当欲望强烈难耐时，有些少男少女会不由自主地手淫。如果你也有这些行为表现，不必紧张不安，因为这些都十分正常，并不能说明自己变坏了。只是妈妈想提醒你，万事都有“度”，过“度”了，就不好了。为此，妈妈给你提了几条建议，希望你引以为重：

(1) 可以探求性知识，但应把它作为一门科学，不要抱着庸俗的不健康的动机去追求。你是一个追求知识的中学生，你追求的应该是高雅的、科学的知识，另外你还要以学习为重，对性知识有个一般的了解就够了。

(2) 与异性接触时要大大方方。你现在年龄还小，身体发育尚不成熟，正处于长身体、学知识的年龄，因此不要过早萌发恋爱的思想。《中学生守则》里之所以规定学生不准谈恋爱，是为了保证学生们能够集中精力去学习，也是为了避免不应有的恋爱悲剧。所以，妈妈建议你和异性公开交往，不要羞答答的，不要躲躲藏藏，大大方方、坦率一些效果反而更好。

(3) 尽量不去接触那些挑逗性的书籍、影视。妈妈建议你多看有利于陶冶身心的书籍，坚决不看低级庸俗的黄色书刊，你要努力克制这方面的好奇心。因为挑逗性的读物十分有害，它会刺激你的性欲望，使你的意志防线被击溃，对你的身心健康造成损害。

(4) 积极跟爸爸妈妈交流心理困惑。有些青少年对性知识很好奇，不愿意让父母知道，这并不好。从父母这个角度来看，理应主动关心青春期子女，对孩子进行及时、正确的性教育；从子女这个角度来说，也不应瞒着父母，有关性的知识、性的疑问，不妨主动向父母请教，因为父母毕竟都是过来人，相对来说对这方面的知识较为了解。因此，多听听爸爸妈妈的意见，对你一定是有好处的。妈妈相信，只要你注意做到以上几点，就能减缓青春期的悸动心理。

——爱你的妈妈

突然很想“叛逆”是怎么回事

有一天下午，上初三的萍萍参加完学校的合唱团排练，回来得有点晚。走到家门前，她就看到了母亲和刘叔（萍萍的母亲和父亲离婚多年，她与母亲生活）。萍萍家是一栋二层的独立小洋楼，里面有一个较大的院子，母亲和刘叔坐在葡萄架下，母亲在缝衣服，刘叔在看书，两人轻声地聊着天。当母亲的头发垂下来时，刘叔伸手去帮她把头发拨到耳后，脸上带着满足和幸福。母亲低头笑着，含娇带羞。

那一瞬间，萍萍再也无法控制满腔的愤恨了，她径直冲进院子，噔噔噔地上楼，一脚踢开卧室的房门，放下书包后，来到院子里，猛地夺过刘叔手里的书，狠狠地掷在地上，说：“不许你看我的书，这是我的家，我不欢迎你，你给我滚出去！”

见萍萍如此无礼，母亲非常生气，抬手要打她，却被身旁的刘叔制止了，刘叔说：“别打孩子，她还小！”这原本是长辈对晚辈的一种爱护，却被萍萍视为假心假意，萍萍冷笑道：“你少装模作样地充当好人了，谁不知道啊，你经常来我家，就是为了和我妈好，你不要痴心妄想了，我是坚决不同意的……”

刘叔呆呆地站在原地，脸色一片死灰。母亲再也听不下去了，勃然大怒，给了萍萍一记响亮的耳光，大声吼道："你胡说些什么，给我闭嘴，你今天怎么了，吃错药了吗？"萍萍捂着胀疼的脸，流出了委屈的泪水，她大声地说："我恨你们！我恨这个家！"然后，疯狂地冲进卧室。

第二天，萍萍决定将自己武装成坏女孩，她在耳朵上了扎了三个孔，把牛仔裤的膝盖处剪破了，染了红色的头发，光明正大地逃课……

生活中，你可能会发现：一直是乖孩子的人有可能在青春期突然叛逆起来，变成了人人讨厌的"小流氓"。不可否认，每个孩子的内心深处都有一种叛逆、冲动的念头，只不过有的孩子把这种念头埋藏得很深很深，一直没有爆发出来，当他们进入青春期后，由于生理和心理等方面出现了较大变化，在受到刺激的时候，内心的抗议可能像沉睡多年的火山一样喷薄而出。

进入青春期后，那些乖孩子也不喜欢总穿着单调的校服和妈妈为自己选的简单衣服；他们不想顶着一头简洁短发，而希望让自己的发型更奇特一点；他们不愿意总是连声答应，也想抬起头顶撞几句；他们不甘心老是坐在兴趣班的某个角落，他们也希望在班上被瞩目一回。

是的，不可否认，他们很想叛逆一回，把头发烫成爆炸，染成红黄色，穿上奇装异服。可是很多孩子不敢做，他们前思后想了很久，害怕父母会生气，害怕老师对自己有偏见，所以，他们只有压抑。或许那些"坏学生"的家长很羡慕他们，觉得他们是好孩子，可是有时候他们却不这么看待自己，他们觉得自己太拘束了，太标准化了，没有大胆的尝试和特别的体验是一种遗憾。

妈妈最想对你说的话

亲爱的女儿：

有一种冲动叫"好想叛逆"，时常掠过你的心头，让你一惊一喜，又迅速变为往日的沉闷。上帝知道你是个好孩子，你认真对待学习，努力做到"天天向上"，静静地读书写字，默默地独自努力证明。

在青春期之前，你的努力可能充满动力，可是当你进入青春期后，你就可能按捺不住自己叛逆的情绪了。看着身边一群群花枝招展的时尚少男少女，再看看自己穿的一身老土校服，你不由自主地低下了头；看着班里的同学脖子上戴着一条链子，嘴里叼着一根烟，你忍不住感叹：他们这才叫青春期！

是啊，面对别人丰富多彩、生动绚丽的青春期，你感觉自己的青春期是那么单调，除了学习还是学习。之前无心关注自己的相貌，现在也开始关注了，之前不知道怎么打扮自己，现在也开始涂抹胭脂水粉，穿低腰裤、吊带衫、高跟鞋了。你期待受人关注，被人追崇。这种心情，妈妈比谁都能够理解。

妈妈知道，你也想叛逆一回，也想找点新鲜的刺激，也想随心所欲一回。因为你认为那或许是另一种生活，而且非常值得尝试。的确，别人家的孩子一有空就在游乐场、操场、电脑上疯玩，而你却只能乖乖坐在卧室里写作业、看书。妈妈认为适当的叛逆未尝不可，也好让爸爸妈妈知道对你的要求是多么严格，你也可以因此为自己争取一些自由的空间，毕竟你已经进入了青春期，已经是个大人了，你有能力掌控自己的生活。

可是叛逆也需要注意方式，千万不要大吼大叫、大哭大闹，更不要摔东西、和坏孩子交往。妈妈希望你在思想上叛逆一点，比如对一个问题提出自己的观点、学会质疑他人的意见，但在行为上还是有必要约束自己的，学会知书达理、友善待人，这是你获得良好人际关系的重要保障。

妈妈想告诉你的是，心中有叛逆的怨气就应该及时发泄出来，这样对你的身心健康是有好处的。妈妈希望你把爸爸妈妈当成朋友，向我们倾诉甚至是哭诉，当你倾诉、哭诉完后，相信你内心的怨气也就消散了。

——爱你的妈妈

如何克服青春期的躁动症

“咱们班的女生太没意思了，自私自利！”雅柔抱怨道，言外之意好像她不是女生，不是班里的一员似的，这让一旁的晓曼有点反感。

“又怎么啦？”晓曼愣愣地问了问。刚上完体育课，晓曼和雅柔坐在操场旁边树荫下的石阶上。

“你知道梦易吗？那人看起来挺大方的，其实还是很小气的，算了，不说了，我们去买水喝吧！”

“好啊。”晓曼爽快地答道。

她们走下石阶，去小卖部还要穿过操场。操场上，她们班的一些男生在那里打篮球。“哟，晓曼啊，看到了吗？你老公在那里打篮球呢？还不快帮他加油？”迎面走来的是班里的物理课代表，他和晓曼玩得不错，就是爱起哄。

他说的老公是晓曼的同桌，平时喜欢和她打打闹闹。晓曼觉得这很正常，毕竟能成为同桌不容易，初中能有几个同桌呢？所以晓曼特别重视交友，班上的男生和她的关系都很好，女生更是不用说。晓曼比较活跃，被人开玩笑也不太在意，不知道为什么“同桌是她的老公”这一消息不胫而走。

开始晓曼也不计较，她知道班上的男生女生喜欢开别人的玩笑，可是一段时间后，这种情况越来越严重，每当晓曼和同桌在一起细语时，大家就开始起哄。幸运的是，晓曼的同桌心态不错，和其他女孩子也是打打闹闹，没有否认和晓曼的关系，也没有承认，只是一笑置之。后来晓曼也沉默了，她知道最要紧的是好好学习，不能让那些“流言飞语”影响情绪。

躁动不安是青春期少男少女特有的一种心理失衡的表现，他们爱唠叨、爱抱怨、爱挑剔别人的不是，他们爱传播小道消息、爱无端起哄、爱开别人玩笑，他们心浮气躁、脾气暴躁、静不下心来听课，他们不甘于沉默，希望引人注目……

以下几点是青少年常见的浮躁表现：

表现一：哈韩

他们把头发烫成韩式的发型，在耳朵上打四五个耳洞，穿上奇装异服，在书包上别上各式各样的徽章，嘴里冷不丁冒出让人费解的流行语。

表现二：网痴

对上网聊天乐此不疲，如果家里有电脑，那么只要有时间，就会坐在电脑前，如果家里没电脑，就去网吧。父母如果看不惯孩子的表现，说孩子几句，有可能遭到顶撞。

表现三：追星

各种选秀节目日渐受到青春期孩子的追捧，那些明星成了青少年的追捧对象，作为忠实的“粉丝”，他们是每场选秀节目必看，就算是熬夜看节目，也在所不惜。

总而言之，青春期的孩子情绪多变，行为有些异常，让父母感到非常纳闷，其实别说是父母，有时候连他们自己都不清楚为何会这样，但这就是躁动的青春期。

妈妈最想对你说的话

亲爱的女儿：

每个在青春期的青少年都有浮躁的时候，他们都有过这样的经历：情窦初开、涉世不深、倾心投入、烦躁不安……如此种种，都是内心世界的真实再现。当年妈妈也有这样的表现，也有追崇的对象，也有喜欢的人，不过在妈妈的努力克制下，那些浮躁的想法都一一被化解。知道吗？总是陷入浮躁的情绪中，会严重影响你静心学习，干扰你正常的生活，对你的健康成长和成才都是不利的。因此，妈妈建议你从以下几个方面尝试，努力克制青春期的浮躁：

(1)多读一些诗歌散文，这些作品能让你的心静下来。尝试用日记的形式记录自己内心的想法，描述自己的情绪和感受，坚持这样做，你就会变得稳重起来。

(2)适当宣泄青春期的情绪。如果你“爱”上了异性，可能会记日记、打电话，甚至想和异性单独外出。这种心理是正常的，爸爸妈妈会给你一片自由的天空，希望你去广泛接触异性，而不是把注意力集中在某个异性的身上。当你和异性聚会的时候，不妨多约几个朋友，要知道人多热闹，气氛会更好一些。

(3)青春期的你对少男少女的知识关注是正常的，如果你需要，请告诉爸爸妈妈，我们会为你提供合适的读物。妈妈希望你不要上黄色网站，不要看不健康的影像制品、课外读物。因为这些东西很容易误导你的想法，使你的身心健康受到危害。

——爱你的妈妈

失眠多梦是怎么回事

13岁的楠楠是个品学兼优的女生，但进入青春期后，她的成绩却直线下滑。楠楠的父母感到很奇怪，就向楠楠的老师了解情况，老师表示楠楠在课堂上经常走神，心神不宁。在参加集体活动时，她不再像以前那样大方，每次在课堂上发言，都显得紧张、羞涩、情绪不高。楠楠的父母则向老师表示，最近楠楠食欲很差，晚上失眠多梦，白天总是坐立不安，还经常说自己头晕、身体不舒服。

楠楠所遇到的问题可能是青春期焦虑症。青春期的少男少女因为其特有的生理和心理特征，很容易患上焦虑症。

首先，是因为身体发育加快，不但身高、体重、内脏器官迅速发育，而且出现了性发育，主要表现在生殖器官发育、月经初潮、第二性征发育几个方面。生理上的变化让他们觉得有一种神秘感，甚至感到不知所措。有些少女因乳房发育不敢挺胸，因为月经初潮而紧张不安等。

其次，少男少女性意识觉醒，开始有了情感的冲动和幻想，对异性产生了好奇，想接近异性却又顾虑重重。

最后，青少年一般从初中时期开始思考未来，学习压力也大，容易加剧焦虑情绪。

专家表示，青春期的孩子有焦虑症很常见，一般表现为恐惧、紧张、羞涩、孤独、自卑和烦恼，还可能伴有头晕头痛、失眠多梦、眩晕乏力等症状，长期处于这种焦虑状态中，就会使青少年寝食难安，失眠多梦，白天又无精打采。

对此专家表示，处于青春期的少男少女要学习科学的生理常识，有烦恼和心事要找父母或同学倾诉，要增强自信心，多方面培养兴趣爱好，多参加集体活动，还要大方地和异性同学交往。

专家还表示，青春期的孩子入睡难、失眠多梦、易早醒、白天疲惫不堪、无精打采等，主要原因是劳逸不匀，用脑过度，引起中枢神经和抑制功能的失调，导致失眠，或受到某些情绪的刺激。事实上，失眠只是神经衰弱的一种表现，对单纯性的失眠多梦，只要不紧张，平心静气，劳逸结合，科学用脑，就会自然恢复正常。

妈妈最想对你说的话

亲爱的女儿：

进入青春期后，你的生理上发生了很大的变化，影响了你的心理，加上学习压力较大，用脑过度，你会感到很疲惫，但晚上又有一种莫名的兴奋，久久不能入睡，夜里多梦，又莫名其妙地醒来，第二天早上又不想起床，上学后在课堂上打瞌睡。你对自己的这些表现感到非常难受，但是又感觉没有办法改变，为此你很苦恼。对此妈妈想帮你提供几条改变的办法，希望你认真实行：

⑴睡觉之前不要让自己兴奋。因为睡眠是大脑神经细胞由兴奋转为抑制的保护性反应。因此，如果你睡觉之前太兴奋了，就会影响抑制的过程，入睡就困难了或者睡后多梦，使大脑得不到充分休息。所以，睡前半小时不能剧烈活动，不宜大声喧哗、嬉闹，看电视不要太晚，也不易思考难题、听惊险的故事，不要牵挂别的事情或想入非非，以免使大脑皮层无法抑制下来。

⑵睡前不吃东西。人体在睡眠的时候，大脑神经细胞处于休息状态，消化系统的活动减慢。如果你在睡觉之前吃东西，特别是油腻的食物，会增加肠胃的负担，躺在床上会感到腹部不舒服、呼吸不畅，影响睡眠的深度。此外，浓茶、咖啡等具有兴奋性和刺激性的饮料，也不宜在睡觉之前饮用。

⑶睡前放松活动。睡前的1～2小时应停止体力劳动和紧张的脑力劳动，做些轻微的放松活动。如到户外散散步，呼吸新鲜空气，或做体操，自我按摩一下腰背，听听轻音乐……使大脑神经和周身肌肉充分放松，对入睡很有帮助。

⑷睡前洗脸洗脚。睡觉之前洗脸洗脚有利于洁净身体，促进面部、脚部等处的血液循环，对入睡有一定的帮助。特别是洗脚，能清除灰尘与汗液，消除脚臭，减少细菌感染的机会，使床单被褥清洁。值得注意的是，用温热水泡脚是一种柔和的良性刺激，能促进人们迅速入睡，睡得更深更熟。

⑸睡觉之前把窗户打开通风透气。睡眠的时候，人体也需要充足的氧气来维持新陈代谢。因此，睡觉之前把窗户打开通风透气，可以保证室内空气新鲜，供氧充足，能使入睡迅速而深沉。

⑹睡觉之前要少饮水，解小便。睡觉之前饮水过多，或吃了含水分较多的食物，比如西瓜、稀饭，由于膀胱充盈，会不断向大脑皮层传送刺激信号，睡眠将会不安稳。如果半夜起来小便，很容易打扰睡眠，还容易受凉感冒。因此，睡前宜少饮水，解小便后再上床。

——爱你的妈妈

心头为什么总有无名火

“青青，放学后一起去游乐场，怎么……”下午课间休息时，坐在后排的小洁用铅笔捅了捅坐在前排的青青，想跟她商量放学后的行程。

青青在看漫画，突然感到后背有人用东西戳自己，还没等那人把话说完，就大声驳斥道：“拜托，不要用你的脏东西戳我衣服好不好，这样很讨厌。”

小洁被青青突如其来的愤怒吓了一跳，她忍住委屈说道：“我这是干净的铅笔，还没用过呢。”

“你还要狡辩，铅笔的事先不跟你计较，你就没想过你这样突然戳我会把我吓到吗？你怎么这么冒失。”青青不依不饶，声音又提高了几度，这让周围的同学都忍不住侧目来看。

小洁看到周围同学们或好奇或幸灾乐祸的目光，又羞又愤，冲着青青哼了一声便跑出了教室。

“这人怎么这样，明明是你不对，还给我脸色。”青青也没有心思看漫画了，她心中像烧着一把火，气得她把课桌上的书本摔得啪啪响。

上课铃声响起的时候，小洁才耷拉着脑袋从外面跑进来，路过青青身边时看也没看她一眼就回到了自己座位上，这让青青心里很不舒服。她以为小洁会像以前那样，吵过之后没多久就又嬉皮笑脸地凑到了她身边，一直以来，小洁都是她最好的朋友啊。但是这次，好像变得不一样了……

放学了，小洁离开教室时并没有叫青青，青青终于意识到自己好像做错了什么，她开始后悔，怎么就没有压制住心中的那团无名火呢？

一连几天，小洁都没有要和青青和好的迹象，青青痛苦极了。每当看到小洁和别的同学说笑打闹时，她多想和小洁玩的人是自己。可是，一切都不在她的控制中，她不知道自己该怎么办才好。

对于青春期的青少年来说，最让父母感到头痛的，就是他们总爱发无名火，一句话说不对，就会招来他们的强烈反抗或漠视。对于孩子的这种情况，父母们可谓是软硬兼施，先是软声细语地细心教导，见没有效果，就开始“巴掌教育”，这招也不行，就又满脸堆笑地和他们套近乎，然后就一直这样在打骂与宠爱教育之间反复循环。

其实，青春期少年爱发无名火通常是逆反心理的一种表现。逆反心理是一种单向、固执、偏激的思维习惯，它使人无法客观、准确地认识事物的本来面目，从而在面临问题时，会采取错误、偏激的方法。逆反心理在青春期里会反复地呈现，任其长期发展下去而不加管束就会构成一种狭隘的心理定式，分不清什么才是正确、合理的解决问题的方法。一般来说，逆反心理是孤陋寡闻、偏激和头脑简单的产物。

父母想要从根本上浇灭孩子心中的无名火，就要先摆正孩子的这种逆反心理，帮助她平稳地度过青春期。

而对于正值青春期并总是爱发无名火的你来说，首先要明白，自己的偏激行为是错误的，想要压制自己的无名火，就要多读一些正面的积极的书籍；其次，你应该多在自己的兴趣爱好上下工夫，多接近大自然，感受大自然广阔的胸怀；最后，就是和同学、朋友交往时要平心静气，不要让自己负面情绪影响你们的友谊。

此外，月经来潮前的一些不适也会影响到青春期女生的情绪，导致很多女生出现易怒、失眠、暴躁等现象，随着月经来潮，这些症状会逐渐减少或消失。对于有这种情况的女生，在日常生活中应该尽量避免不必要的精神刺激，并且保障生活作息规律，饮食要少盐，多参加一些文娱和体育活动。

妈妈最想对你说的话

亲爱的女儿：

现在的你越来越像是家里的小霸王，常常是话没说上两句就忍不住发火。你知道吗？你这样会让爸爸妈妈很难过，我和爸爸都希望你能成为一个豁达、开朗的女生，不想你每天生活在愤怒中。

当然你现在处于青春期，出现易怒、烦躁这样的负面情绪是可以理解的，但是不能因为这样就放纵自己的情绪。你在家里时，爸爸妈妈可以包容你、宠着你，可是如果你在学校也这样不知克制，你和同学之间的关系就会变得很差。

没有人会喜欢一个任性的、不知道体谅他人的人，如果肆意地让心中的无名火蔓延，你就会变成别人眼中自私暴躁的人。所以，在青春期这个性格养成阶段，你一定要尽量做到大度、平和。如果实在受不了闷在心中的无名火，就去跑步、爬山或是读书。总之，要让负面情绪发泄在静物而不是人身上。

——爱你的妈妈

如何面对无人关注

小兰前几天刚过完15岁生日，生日那天，所有人都夸赞她漂亮可爱，这对小兰来说十分受用，她就是喜欢这种被人关注、被人欣赏的感觉。

生日party之后，小兰的日子又恢复了平静，这让她感到很难适应，觉得突然之间，所有的光环都离开了她。其实，小兰是个很优秀的女生，在学校里不仅担任文娱委员一职，还参加了不少兴趣小组。最初时，在同学们的称赞声中，她把自己当成了万人瞩目的公主。只是到后来，相处的时间越长她越觉得自己公主的光芒在减弱，大家不再像以前那样关注她。

昨天，班里转来了个女学生，长得很清秀，声音也很好听，班里的同学一下课就围在她身边问这问那，非常热情。小兰心里却很不是滋味，就好像别人抢了她什么东西似的。

回到家，小兰也是闷闷不乐，坐在沙发上很久，都没有见妈妈来安慰她，她的火气再也控制不住了，冲着在厨房里做饭的爸爸妈妈大喊了一声："你们就没看见我不高兴吗？"

一直在研究新菜式的爸爸妈妈听到女儿的抱怨，纷纷放下手中的食材，走到小兰身边问她："你这又怎么了？我们正在研究煎牛排的新式做法，一会你就有好吃的了。"

小兰不以为然地撇嘴道："我不想吃饭，我想变成公主，让所有人都关注我，仰慕我。"

小兰的爸爸和妈妈听完，相视一笑，这个女儿是从小生活得太顺畅了。

小兰妈妈坐在女儿身边，问道："每个女儿都是爸爸妈妈心目中的公主，想要成为公主很正常，如果患上了公主病，那就不好了。"

"什么是公主病？"小兰很不解，赶忙问妈妈。

"呵呵，公主病就是自我感觉过分良好，把自己想象成举世无双，认为所有人都应该欣赏她、关注她，让她享受到公主的待遇。"妈妈笑着回答小兰。

小兰想了半天，突然说道："我怎么觉得您在说我？"逗得爸爸妈妈两个人都大笑了起来。

青春期女生，尤其是那些聪明、漂亮，被老师、家长捧在手心的女生，很容易在大家的赞扬声和保护中患上一种病，即公主病。

过去公主病只发生在贵族或富商大贾家庭中的女子，但是现在，这个病症已经蔓延到千万个普通家庭里，不少青春期女生都把自己当成了公主，她们自恃清高，认为所有人都应该以自己为中心，拜倒在自己的美丽或者聪明才智下。

这些女生都有几个共同的特征，就是年龄较小、自信心过剩、有显著的自恋倾向。由于家庭或是学校对她们的保护，她们往往无法对自己做出清醒的认识，而是过高地膨胀自我角色，什么事都以自我为中心。

青春期女生，偶尔犯公主病并没有什么大的影响，但是如果长时间生活在“我就是公主”的世界里，就会在虚荣中迷失自己，不知道如何处理自己和别人的关系。而且总是把自己看成高人一等，迟早会让身边的人感到厌烦。每一个人最后都是要走向社会、走向婚姻的，失去了学校的庇护、离开了父母的双翼，如果还把自己当成众人膜拜的公主会导致人际关系紧张、婚姻状况频发。

想要根除身上的公主病，就要客观地看待周围的人和事，相信在自己身边，比自己优秀的人有很多。同时，还要不断努力、积极进取，让自己变得真正强大。

妈妈最想对你说的话

亲爱的女儿：

不管你长到多大，都是妈妈心中的公主，妈妈永远会做你忠实的听众，看着你在自己的世界里发光发亮。

不过，妈妈也要提醒你，要用平常心看待自己的生活，每个人都有自己独特的闪光点，你并不是唯一优秀的那一个。妈妈知道你想让更多的人关注你，但是美丽的外表、漂亮的衣服吸引来的只是别人短暂的羡慕目光。想要别人长久地尊重你、注意你，需要付出比别人更多的努力，磨炼比别人更坚强的意志。

女儿，希望你能朝着正确的路一步一个脚印向前走，抛掉懒惰、任性、自恋和不友好，成为别人眼中最耀眼夺目的那一个。

——爱你的妈妈

为什么会变得越来越敏感

飞扬一直以来都是一个活泼懂事的小女生，但是自从读了初中以后，她发现自己变得越来越奇怪。

每当听到身后有同学围成一团窃窃私语时，她都怀疑那些人是在说自己。又或者，在她主动要求和同学一起看电影遭到拒绝后，她会想是不是有人说了她什么坏话，让同学都不爱理她。

越是怀疑有人说她坏话，她越是不敢和别人多说话，渐渐地，飞扬变得沉默寡言，别人和她打招呼时，她也只是笑笑，并不想多说什么。但就算这样，飞扬每天还是会遇到让她耿耿于怀的事情。就比如说前两天，她发现自己的橡皮不见了，只好向前面的同学小元借，正好小元也没有橡皮，无法借给她。本来是很正常的事情，但是飞扬却觉得是小元讨厌她，故意不借给她。

就在当天，下午课间休息时，飞扬听到小元和旁边的同学在小声议论着什么事情，模模糊糊中，她好像听到了自己的名字。

“他们是在说我吗，我没有得罪他们啊。难道他们对我有误解？”飞扬不停地在心理犯着嘀咕，脸蛋憋得通红，恨不得把耳朵凑过去听个清楚。

总是这样疑神疑鬼，飞扬感到自己越来越不能全神贯注地听课学习了，她很苦恼，可是又不知道该跟谁说。

敏感，指感知较为敏锐，对外界事物反应很快。对于青春期女生来说，适度的敏感是正常的，也是可以理解的，毕竟青少年正处于自我意识强烈、对自我比较关注的年龄段，这时，适度的敏感对保护自己也是有帮助的。

但是，如果神经绷得太紧，轻微的一个动静都让你不得安宁，这种敏感就上升到性格的层面了。虽说性格并无好坏，但是如果过于患得患失、庸人自扰，就不能彻底放松自己，也不能用理智、平和的心态面对身边的事情。而这样，会让自己失去很多朋友和进步的机会。

同时，性格过于敏感，就会过度在意细节带来的感受，习惯将这种感受放大，并作出相应的反应。敏感的人情绪总是不稳定，刚刚还为一件小事烦恼，没一会儿就可能被别的事逗笑。总之，就是什么事都爱装进心里。其实，敏感的人应该尝试换位思考，不要带着有色眼镜看人，要相信身边的人大多是善良的。此外，敏感的人也有很多的优点，比如心思细腻、缜密，洞察力强。

在青春期，引起敏感心理的原因主要有：

（1）在家庭上，这些人多是从小被严厉的家人严密保护起来。一方面，这些人从未承受过恶劣言行的刺激，也未学会积极的自我保护，没有抵抗外来侵扰的经验。另一方面，由于家教过严，她们习惯性地接受批评，这就导致她们缺乏自信，有自卑心理，对别人的言行格外在意或胡思乱想。

（2）在个性上，这些人天生感情脆弱，多忧思，经不起强烈刺激，并且爱斤斤计较，不够豁达和宽容，爱钻牛角尖。一旦别人对她表现得热情或冷淡，她就会患得患失，不知道下一步该怎么办。

（3）在生活上，这些人的生活圈子较小，往往不能和同学打成一片，遇事也不喜欢和别人商量，总是独来独往。

妈妈最想对你说的话

亲爱的女儿：

身处青春期，很多人都会莫名其妙地敏感起来，看到有同学在背后窃窃私语就会联想到自己头上，这原本算不上什么问题。但是如果敏感过了头，很长时间都摆脱不了这个状态，就应该多和爸爸妈妈或老师、同学交流了。

人是有感情的，难免会因为别人的恶言中伤而受到伤害。但有时候，是否被伤害是可以由你自己决定的。如果别人并没有恶意，只是你自己控制不住感情冲动，总感觉受伤害，那你就是过于敏感了。想要改变这种状态，你可以尝试从下面几个方面入手：

（1）保持良好心态，不要过于关注别人对自己的态度，也不去在意别人的窃窃私语。告诉自己，自己一切正常，没有什么可以让别人嘲笑或不满的。

（2）多参加课外活动，多参加体育运动。多参加团体活动充实自己，放松心情，让自己融入到一种积极向上的氛围中。

（3）直接找你认为对你有意见的同学谈话，但是一定要保证和气，如果有什么误会，要尽快化解。

妈妈还有一句话要告诉你：良言一句三冬暖，恶语一句六月寒。在别人没有当面对你进行言语中伤时，你千万不能仅凭自己的想象去跟别人吵架。凡事要往好的地方想，让自己的眼光放宽、放远些。

——爱你的妈妈

为何难忍色情小说的诱惑

晚上11点，丹丹等爸爸妈妈都睡着后，再次将电脑打开，她曾无数次提醒过自己，这是最后一次了，但承诺终究还是被心底的欲望打败，她总忍不住偷看那些不健康网站上的色情小说。

看到某些敏感的地方，丹丹会面红耳赤，心跳加快，一方面是心理受到了不小的刺激，另一方面又怕爸爸妈妈突然开门进来。

半个小时后，丹丹深吸一口气，终于肯合上电脑，心中满是懊悔。明明知道这种东西看不得，但是她就是忍不住，她觉得自己就是那种放纵的坏女生。

这种偷看色情小说的日子持续两个多月了，这段时间以来，丹丹发现自己上课的时候越来越不能集中精神听讲。在和男同学说话时，她会突然觉得不好意思，就连女同学找她聊天，她也提不起精神，一副做了什么亏心事的样子。

想着两个月来的点点滴滴，丹丹满心疲惫地睡着了。

第二天，丹丹仍然是无精打采地回了家。她和妈妈简单打了个招呼就进了自己房间，一进门，却发现自己的电脑变模样了。以前她用的是笔记本，现在却换成了台式机。

她刚想去问爸爸妈妈怎么回事，就看到妈妈走进她房间，坐在她床边笑着对她说道："你的电脑是妈妈换的。女儿，你长大了，任何事情都可以和妈妈说的，不要因为无知而做了傻事。"

"妈妈……"丹丹的脸霎时变红，她隐约觉得妈妈知道了什么。

"妈妈像你这么大的时候，也因为好奇做过一些傻事，很庆幸的是我及时回头了。 你跟妈妈十几岁时一样的好奇，我知道你晚上在偷偷看不健康的小说。"妈妈看到丹丹羞得脸都不知道往哪里扭，疼爱地摸了摸她的头，接着说道："每个像你这般大的女生都会对这方面的东西感到新奇，这本没什么。不过，如果把这种新奇变成一种主动追求的欲望，就非常危险了。爸爸妈妈这段时间以来比较忙，总是把你一个人扔在家里，对你的变化，我们要负大部分责任。妈妈想问你，你想改变自己这种心态吗？"

听到这里，丹丹不假思索地答道："想。"

看到女儿的决心，妈妈的笑容舒展得很灿烂："好，那么从今天开始，你就好好利用电脑来学习或是做有用的事情。我会推荐几本有用的书给你看，绝对会让你有充实的业余生活。”

色情小说分网络版和纸书版。对于新生代的青春期女生来说，她们更关注的是网络版的色情小说。最初，她们只是被网站上那些暴露的真人图片吸引，慢慢地又倾向于相关的文字，迷恋那种文字给身体带来的刺激感。

青春年少时，对于色情的迷恋和好奇，从古到今都是一样，就连大观园里那些水做成的纯洁女子，都会被那个年代的色情小说吸引。《红楼梦》里，林黛玉在读《西厢记》时，是越看越爱看，不到一顿饭工夫，将十六出全看完了。一次聚会，林黛玉脱口读出《西厢记》中的诗句，竟被薛宝钗听出。林黛玉寝食难安，薛宝钗私下以己及人地劝道：这些书，从前也偷偷读过的，不过后来就知道原是看不得的。薛宝钗说得也不无道理，这些书固然让女子沉醉，但是过于虚幻，长期看下来，会消磨人的意志。

尤其是现在的青春期女生，更是喜欢去想象一些东西。看过色情小说的女生往往会对小说里挑逗的文字浮想联翩，某些心理薄弱者还会因为受不了心理上的刺激而模仿小说描绘的事情。如果事态发展到如此严重的地步，无疑会对女生的身心造成无法弥补的伤害。

所以，身处青春期的女生应该远离色情小说，这些小说会让人想入非非、精神委靡、无心向学，并导致个人世界观、人生观发生偏差。女生想要满足心中好奇，可以多看有益身心健康的书籍。

妈妈最想对你说的话

亲爱的女儿：

女生在青春期的时候，总是会对情爱和性爱感到新奇，这本不是什么不可饶恕的过错，但是你们毕竟还小，没有足够的阅历分清什么是现实什么是虚幻。要知道，小说都是虚构的，它绝不是对现实生活的真实描摹。或许，我们可以从小说中看到我们生活的影子，但这并不代表生活就是小说。更何况，相比普通小说，那些不健康的色情小说更加虚幻。

在青春年少时，人生到处都是十字路口，选对了路，你会获得积极向上的力量，选错了，你会变得委靡不振或从此颓废。什么能给你积极向上的力量，我想你自己应该能够感觉到，如果你不能，可以观察家长、老师、同学对你的看法。只有不断进步，大家才会愿意对你微笑，才愿意和你交流、相处。

女儿，希望你能明白，成长是按部就班的，错乱只会给自己带来伤害。随着年龄的增长，该来的总会来，该有的体验也总会有。既然是含苞待放的花骨朵，就给它养分，让它慢慢绽放吧，不要急着将还未吐露芬芳的花蕾摘下。

——爱你的妈妈

是不是患上了爱美症

周一早晨，晓梅走进教室，看见好几个同学扎堆在一起，像是在研究什么。她好奇地伸着脑袋往那边瞅，透过两个人肩膀处的缝隙，看到于婷婷正美滋滋地坐在椅子上，任周围的人谈论她的头发。于婷婷的发型很特别，有点像离子烫，服贴柔顺得很，把她整张脸衬得跟洋娃娃似的。

"你觉得于婷婷那发型怎么样？"刚坐好，邻桌的"大嘴巴"小卉就着急地问道。

"不怎样，太假了。"这话说得太违心了，晓梅恨不得自己赶快也把头发弄成那样。

"我也觉得不怎么样，拉得那么直，都快成钢丝了。"小卉附和道。

晓梅抬起头看小卉一眼，突然觉得哪里不对劲，又端详了一会儿，突然恍然大悟："你染发啦？"她分明看到小卉的头发在阳光下闪耀着淡淡的紫色。

小卉赶忙捂住她的嘴，压低声音说道："小声点，我可不想被别人知道，学校是不准染发的。"

"那你怎么还去冒险？"晓梅知趣地放低了声音。

"你不觉得这样会让我皮肤看起来白了些吗？"

听到这话，晓梅发觉小卉的脸看起来是比平时白了些。看来，大家都在为美丽而努力，晓梅觉得自己也应该要做些什么，不能硬生生被别人比了下去。

随着性意识的悄然萌动，青春期女生从过去注重父母的认同转为注重同伴群体的相互认同。同性的羡慕、异性的注目会让她们从心理上获得满足。

为了获得这种满足感，女生们会更加关注自己的容貌、头发和衣着，她们绝不会穿着脏兮兮的衣服、顶着乱糟糟的头发去学校。不过，在追求认同感和满足感时，有些女生会表现得过了头，她们不满于穿漂亮衣服、梳漂亮头发，整天幻想要通过一些先进技术来改变自己的形象。

就比如有的女生整日缠着父母要去整容，有的女生动不动就去理发店变化发型。这些行为已经不再是单纯的注重形象了，而是一种病态的爱美症。

爱美症如果不能及时得到制止，就会产生认知上的偏差，从而影响正常的生活和学习。所以，青春期女生在追求美丽以及满足感时，应该把握一个度，知道现阶段哪些行为是不应该做的。

下面列举的是青春期女生的不宜做的几项行为：

（1）不宜染发、烫发。烫发的过程中，药水中的碱性成分和氧化作用，会致使头发表层的鳞片遭到破坏，容易发黄、发脆，没有光泽、没有弹性。小女生头皮娇嫩，烫发易弄破头皮，感染细菌。染发时，染膏中的阿摩尼亚会破坏头发表层的毛鳞片，使头发水分流失、缺少光泽，没有弹性。

（2）不宜随意扎耳洞。女生的耳朵是很娇嫩的，扎耳洞很容易造成耳外伤，而且，一旦病菌侵入，就会造成感染化脓或引起破伤风。据报道，阿富汗的喀布尔市，有16%的破伤风病人是由扎耳洞引起的。

（3）不宜浓妆艳抹。化妆品虽然能够修饰面容，但它也很容易堵塞毛孔，毛孔被堵塞，不仅会影响人体体温调节，还很有可能会造成“化妆品斑疹”，影响整个皮肤质量。

（4）不宜拔眉、描眉。女生在眉毛尚未发育齐全的情况下拔眉、描眉，会使尘埃、细菌落入眼眶，致使患上眼病。此外，拔掉眉毛对眼眶周围的神经末梢是一种恶性刺激，会造成眼眶周围皮肤松弛、眼睑下垂，同时容易出现皱纹。

（5）不宜用激素或其他产品刺激乳房发育。服用雌激素会使乳腺、阴道、宫颈、卵巢患癌症的可能性增加。涂抹健美丰乳膏等产品会引起月经不调、色素沉着、皮肤萎缩变薄，还会使胆汁酸合成减少、肝脏的酶系统紊乱，容易形成胆固醇结石。

（6）不宜穿尖头高跟鞋。女生脚趾软嫩，长期穿尖头高跟鞋，不仅挤压摩擦脚趾，还会引起足跖神经缺血、变性等脚病。

（7）不宜穿紧身衣。紧身的上衣会阻碍胸骨、肋骨和膈肌的运动，影响正常呼吸和胸部的正常发育以及婚后的哺乳。紧身裤由于紧裹身体、通透性差，常穿会影响血液和淋巴循环，妨碍关节伸屈和身体正常发育，极易造成女生外阴炎。

心理咨询师建议，孩子爱美的心理应该受到父母的尊重与保护，父母不要对孩子过多限制，也不要对孩子冷嘲热讽，横加训斥。作为孩子，应该理解父母的用心，接受父母对自己的批评，同时要在心中告诫自己，现在是身体发育和学习求知的关键时期，穿着打扮在美观、漂亮的基础上还要有利于身体的健康。同时不要因为追求美丽而耽误了学习，要培养自己更多的兴趣爱好，让自己拥有一个完整、欣欣向荣的青春。

妈妈最想对你说的话

亲爱的女儿：

青春期女生爱美是天性，注重自己的形象并没有错。看着你越来越喜欢买新衣服，越来越喜欢摆弄自己的头发，还把妈妈的护肤品借去用，我会不自觉感叹时间过得真快。

不过，最近你总是念叨着去烫发，这让妈妈有些担心，你说你只是想通过烫发来为自己树立信心，但是我觉得树立信心并不一定通过这种途径。

况且，你15岁，你想过烫发对头发造成的伤害有多大吗？烫发用的药水有较强的化学腐蚀性，而且小孩的头皮比成人要脆弱很多，它会导致你严重掉发、脱发。我不希望你因为贪图一时美丽，而让自己变得头发稀疏、掉发不断。

爱美应把握一个度，如果满脑子想的都是怎么变漂亮，就成了一种爱美病。我想你们班上也会有为了美丽而耽误学习的同学吧，你觉得为了一时的美丽而丢失分数、丢失机会这样值得吗？

总之，妈妈希望你能把对外在美的追求转移到内在美上，如涵养美、气质美等。

——爱你的妈妈

你为什么不爱学习

小时候，家人都说珍珍非常机灵、可爱。自从她懂事起，爸爸妈妈就把希望寄托在她身上。在13岁之前，珍珍的成绩一直很好，在班级中稳居前五名。自从上了初二，换了班主任和英语老师，同时又增加了物理课程，再加上每天要背的内容很多，学习压力很大，她学习积极性大大下降，学习成绩一落千丈。期中考试成绩出来，珍珍在班上竟排在30名之后。她对妈妈的批评不理不睬，还经常与妈妈顶撞，并且还做一些危险的动作，如用裁纸刀割手指等行为。珍珍遇到不会做的题目，也不愿意思考，更不愿意请教别人，缺乏上进心。

与此同时，珍珍爱上了唱歌跳舞，并参加了“歌舞训练班”，她声称那是她的最爱。面对繁重的学习压力，珍珍没有一点压力感，只知道唱歌跳舞，每天戴着耳机，边听歌边跳舞，甚至半夜还偷偷起来看超级女声的比赛，结果成绩一塌糊涂。爸爸妈妈看在眼里，急在心上，因此经常批评珍珍：“你是个学生，学习最重要，你为什么把精力放在唱歌跳舞上呢？”

“如果中考考唱歌就好了……”珍珍嘟囔着说。

在青春期之前，由于女孩子不那么好动、好玩，学习成绩通常比较不错，可是进入青春期之后，由于生理上出现了显著的变化，由此带来了心理上的变化，很多女孩子内心存在困扰。这个时候，女孩子不那么擅长的物理、化学课程出现了，因为学起来吃力，学习效果又不好，因此她们容易产生畏难情绪，甚至认为女生到了青春期就比男生笨，继而对学习失去了信心，最后变得破罐子破摔。

另外，很多孩子承受着分数、名次的压力，没有自由，在书山题海中拼得筋疲力尽。学习的乏味、父母的期盼、一次次的考试失利让青春期的女孩烦恼不已。这又会加重女孩的心理压力和烦恼，使得她们变得更加不爱学习。

妈妈最想对你说的话

亲爱的女儿：

要想爱上学习，就要对学习产生兴趣，因为兴趣是最好的老师。只有对学习有了兴趣，你才会有学习的动力。妈妈给你提供几条建议，希望你认真听取：

(1)设定切合实际的目标。目标决定行为，比如，你的物理成绩不好，你不必担心，你先设定一个目标：考试及格就行。然后你朝这个目标去努力，当你实现了这个目标后，你会有一种成就感，然后你再设定一个目标：比前一次提高5分，就这样一步一步地向前进，每次进步一点点，你的自信心就会慢慢增强。

⑵努力做到坚持不懈。想要克服学习中的困难，不能没有坚强的意志力，意志力具有行为动机的作用，比一般动机更具目的性和坚持性。意志力包括四个方面，即坚定性、独立性、果断性和自制力。其中自制力指善于掌控自己行为的能力，与它相对立的是任性。青春期的孩子由于不太成熟，所以难以控制好自己的行为，当面对诱惑的时候，容易分心，容易把学习抛之脑后。

⑶学会积极的自我暗示。积极的自我暗示可以改善你的心理，让你对不喜欢的学科建立起信心，从而相信能够学好这门课程。比如，想要培养你对物理课的兴趣，不妨经常对自己说："我喜欢你，物理！"多次重复后，你就觉得物理不那么枯燥无味了。在学习物理的时候，要高高兴兴的，要暗示自己集中注意力，通过复习、预习、好问来不断提高学习效率，弄懂疑难问题。

⑷用计划来巩固意志。如果你发现自己无法控制自己的行为，主要是因为你的意志力不够强。想要避免这一问题，你可以制订具体的学习计划，安排好学习时间和休息时间，比如，八点之前休息或游戏，八点到九点半学习，九点半后上床睡觉。每天坚持这样做，养成劳逸结合的习惯，你就不会为学习感到发愁了。值得注意的是，如果没有按照计划把该做的事情做完，一定要坚持做完，绝对不能纵容自己。

——爱你的妈妈

喜欢的男生把你当"哥们儿"怎么办

"小雪，走，打球去。"中午吃晚饭，张扬捧着两个乒乓球拍来找正在看故事书的小雪。

小雪二话没说，合上书就跟张扬去了操场。

两人打球打了半小时，都有些累了，就坐在跑道一边的看台上休息。小雪看到张扬一副欲言又止的样子，忍不住问他是不是有话要说。

张扬的脸微微发红，吞吞吐吐道："有一件事搁我心里很久了，今天我想把它说出来。"

听到张扬这么说，小雪的心立刻怦怦跳了起来，难道他要跟自己表白，或者他知道自己喜欢他。

"我喜欢上一个女生。"张扬终于鼓足勇气说出来。

小雪觉得幸福来得太突然，她一直觉得张扬神经大条，总是把自己当"哥们儿"看待，原来是自己误会了。

小雪脸上的惊喜还未退去，就听张扬说："我喜欢上了咱们班的珊珊，你能不能帮我递封情书给她。"

"嘭"的一声，小雪感觉有什么东西重重地撞在了自己的心窝上，"你怎么不找别人？"小雪心里乱乱的。

"你是我'哥们儿'啊，我不找你找谁。"张扬说得理所当然，小雪心里却湿漉漉一片，搞了半天，自己还只是他"哥们儿"。

青春期是独立意识和自我意识觉醒、萌发的阶段。女生在这个时候会把对亲人的依赖和关注转移到老师、同学以及异性身上。由于受一些电视节目或者书籍的影响，女生在与异性交往时会更加敏感，很容易对异性美产生期盼和向往。

一个女生喜欢上某个男生，会希望对方也能喜欢自己。当事与愿违时，女生就要感到苦恼、伤悲或是对生活失去信心。

有的女生会抱怨说，自己和喜欢的男生关系明明很好，但是对方只把自己当"哥们儿"。在这些女生心中，被当成"哥们儿"就代表对方不喜欢自己。其实事实并非如此，对方把你当"哥们儿"，或许正是喜欢你身上的直爽和善良，试想，谁会和一个自己不喜欢且自私自利的人称兄道弟。

想要自己喜欢的男生也能喜欢自己是一件可以理解的事情，但是如果处理不好和男生之间的关系，会让自己的心思越来越乱，最终会在人生路口迷路。

那么，要怎样正确对待和男生之间的关系呢？

（1）态度端正，淡化性别，培养健康的交往意识。在同学中，重视异性、轻视同性是很荒谬的，长此以往，会让自己的思想出现严重偏差。所谓心正则思绪无邪念，淡化同学性别，互相尊重，一视同仁，交往起来就会落落大方。

（2）远离早恋，拥有纯洁的喜欢。当发现和男同学的关系过于亲密时，应该及时检讨自己，是不是没有把状态调整好。如果看到对方苗头不对，应保持内心平静如水并对对方进行劝导，使其走上正确的路。

（3）广泛交往，不要依赖于某个人或某几个人。广泛与人接触对自己全面认识异性、了解异性是很有帮助的，它会帮助你透过表象看到对方的内在。就比如某个男同学学习成绩名列前茅，你一开始会认为他是个完美的人，但是通过跟更多的人交往，你可能发现原来他是个思想狭隘，不懂得宽容的人。

此外，青春期女生要明白自己现阶段的主要任务是要学习科学文化知识。只有在好好学习的基础上，才能更好地规划自己的生活，才能让藏于心中的喜欢富有意义。

妈妈最想对你说的话

亲爱的女儿：

每一个女生，在青春期的时候都可能偷偷喜欢过一个男生。那种默默喜欢的感觉是美好的同时也是略带酸涩的。

那天你告诉我，你偷偷地喜欢着某个男生，会因为他的开心而开心，因为他的失落而失落。对于你的感受，妈妈是能够理解的，我知道你只是欣赏，并不是要得到。你说他学习成绩很好，也很会关心人，妈妈很欣慰，因为我的女儿已经学会了欣赏优秀的人。

那么，你下一步打算怎么做？我想，聪明如你，一定会用最正确的方法来处理你这段蠢蠢欲动的感情。作为你的妈妈，我也想给你提几点建议：

(1) 向他的优点看齐。学习他的优点，争取像他一样努力、一样勤奋。只有站在和他一样的高度，他才更愿意和你交朋友。

(2) 对他的缺点有清醒的认识。人无完人，再优秀的人也不可避免地会有这样那样的缺点，比如不讲卫生，性格冷漠，希望你不要染上对方的缺点。

(3) 保持积极乐观的心态。没有人会喜欢一个意志消沉的人，就算你偶尔失落，也不要因此变得郁郁寡欢、一蹶不振。只有跌倒了再爬起来，才能让自己变得坚强。

(4) 保持纯洁的友情，让你们的友谊长成参天大树。或许你因为他的存在感到很幸福，但是我希望你能把这种情感往友谊那面指引。你们还小，现阶段，只有友谊才会是最牢固、最长久的。

——爱你的妈妈

为何会喜欢男老师

讲台上，教数学的王老师在用粉笔刷刷地写着这节课要讲的习题，同学们都在奋笔疾书，抄写着黑板上的内容。

“曼儿，你在干嘛，发什么呆？”小绿轻轻碰了碰盯着黑板发呆的曼儿，提醒她赶快抄习题。

曼儿收起眼眸中的留恋，拿起笔，却不由自主地写下王老师的名字。曼儿察觉到自己的魂不守舍后，慌忙向左右看了看，还好没人注意。

这已经不是第一次了，有两个多月了，每次王老师讲课时，曼儿就会被老师那儒雅的气质吸引，王老师的举手抬足都让她迷恋不已。

这样是不对的吧？曼儿在心里问过自己很多次，但始终拉不回自己那颗被吸走的心。

“曼儿，对于第一道题，请你说说自己的解题思路。”突然间，王老师喊到了她的名字。

曼儿慌张地站起来，把题目读了一遍后，小声但流利地做出了回答。

“非常好，曼儿的解题思路很清晰，大家都应该向她学习。不过，曼儿，以后答题的时候声音大点。”王老师先是和颜悦色地夸赞了曼儿一番，然后又对她做出了提醒。

曼儿坐下后，心情久久不能平静。她对王老师的赞扬高兴得心里小鹿乱碰，但是想到老师的提醒，她又觉得自己表现得很糟糕。

这样的日子又持续了很久，直到有一天小绿说出了王老师已经结婚的消息，曼儿才下定决心要改变自己的心态。

“你确定王老师结婚了吗？”曼儿再次问小绿。

“当然了，王老师的妻子以前就住我们家隔壁。”小绿的话让曼儿的所有幻想一下子破灭了。曼儿想，原来自己一直活在自己想象出的虚幻世界里，我有我的世界，老师有老师的世界，我可以欣赏老师、仰慕老师，却无法与之产生交集，这就是成长的伤痛吧。

美国心理学家赫洛克把青春期的性意识分为四个时期：第一个时期是远离异性的“性反感期”。在这个时期的青少年会因身上发生的生理变化而害羞或反感，甚至认为男女一旦有了密切接触就变得不纯洁。第二个时期是对年长异性产生好感的“牛犊恋期”。这个时期的青少年会像小牛恋母似的仰慕优秀成熟的年长异性。第三个时期是积极接近异性的“狂热期”。这个时期的青少年只把年龄相当的异性作为向往对象。第四个时期是青春后期的“浪漫恋爱期”，这个时期的男生、女生会钟情于某一个异性。在这四个阶段中，“牛犊恋”是最不常见但同时也是最容易让女生误入歧途的。

青春期女生在同男老师相处时，难免会被对方的容貌、能力、才识、人格吸引，从而产生既像友情又像爱情的“牛犊恋”。“牛犊恋”一般只是默默的单相思，不会爆发成为真正的追求和恋爱。但是如果不加以遏制，任感情滋生，就很有可能产生畸形的恋爱意识，从而造成不必要的精神痛苦和心理伤害。

那么要怎样克服“牛犊恋”呢?

（1）多和同龄异性交往。通过广泛的交往，你会渐渐克服对异性的神秘感，更多地发现同龄异性的优点。

（2）保持清醒的头脑。要冷静地想象自己的这种感情是否会给老师带来困扰，是否能够开花结果，不要因为冲动而使彼此陷入尴尬境地。

（3）不要把老师理想化。女生如果发现自己对某位异性老师产生了迷恋之情，就应该从客观出发，换一个角度看一看他是不是真的如你想的那么好。有时候，你只是把对男人的美好向往寄托在某一个人身后，从而产生喜欢的感觉，但这种感觉过于虚幻，是不牢靠的。

妈妈最想对你说的话

亲爱的女儿：

上次爸爸给你去开家长会，回来后开玩笑说，你们的班主任没有他帅，没想到你当场翻脸，还甩门不见我们。

那次，你让爸爸难过了很久。他对我说，女儿外向，他连你的老师都比不过。我笑他乱吃醋，话一出口，就觉得不对劲，我隐约感到，你是喜欢你们班主任的。

你们班主任教的是物理，以前你是最讨厌物理的，但自从换了这个班主任，你每天心心念念的都是物理常识、物理实验，本来我还为你感到高兴，但现在，我却止不住地为你担心，担心你会因为所谓的仰慕而做傻事。

千百年来，在传统性别角色意识的影响下，很多青春期女生会对年长的男性不自觉地产生依赖，依赖又产生爱恋。对于女学生来讲，这种爱恋更容易倾注于男老师身上。但是，这种爱恋往往都是“单相思”，它像一朵埋在暗处的种子，很难开花结果。

女儿，妈妈希望你能认真想一想，你对那位男老师究竟是什么感情？你愿意尝试认识更多的朋友来淡化自己对他的感情吗？如果你肯把那位男老师真正当成长辈，并且愿意尝试结交更多的朋友，那么，我会很欣慰。因为我的女儿最终作出了明智的选择。

——爱你的妈妈

Part3：行为上的秘密

XINGWEISHANG DE MIMI

青春期的女孩，越来越爱漂亮、爱打扮了，这是因为青春期的女孩不再是父母眼中的“丑小鸭”，而是渐渐长大的白天鹅。

怎样防止性骚扰

13岁的碧琴上初二，一天她不幸地遇到了性骚扰。事情发生在一天早上，由于头天晚上她忘了作文的题目，所以第二天早上六点多就起床了，想早点去学校把头天落下的作业补上。在去学校的路上，碧琴遇到了一位长得挺面善的人，他的年纪比碧琴的爸爸还要大，应该有四五十岁的样子。

对方问碧琴几点了，碧琴就看了一眼手表，然后告诉他时间。谁知他抓住了碧琴的胳膊，说要看一下手表上的时间，对此碧琴并没有什么强烈的反应。看完手表后，那个男的问碧琴多大了，上几年级，碧琴刚回答完，对方就问她发育得怎么样，问得碧琴一愣一愣的。就在对方正准备再次伸手去抓她时，她吓得撒腿就跑，才算躲过了那个人。

听碧琴讲述这件事后，妈妈告诉她："女孩儿一定要有自我保护意识和防范心理。如果陌生人问你时间，告诉他没什么问题，可是不要与他过多地搭讪。尤其是当对方抓住了你的手时，问题就严重了，这时你应该大声警告，甩开对方。"

说起性骚扰，可能很多女孩都曾遭遇过。一位女作家曾在自己的文章中写道："凡是有女性涉足的场所，几乎都存在着不同程度的性骚扰。"显然女孩子受到性骚扰已经不再是什么新闻，为什么性骚扰事件那么猖獗呢？可能与女性面对性骚扰时的态度有关，有些女性觉得不好意思当即反抗，放任了那些居心不良的人的行为，导致对方得寸进尺，而最终受害的还是女性。因此，女孩子必须学会防范性骚扰，提高自我保护意识。

性骚扰，顾名思义，即有性意味的骚扰，指以性欲为出发点的骚扰，以带性暗示的言语或动作针对被骚扰对象，引起对方的不悦感，通常是加害者肢体碰触受害者性别特征部位，妨碍受害者行为自由并引发受害者抗拒反应。性骚扰表现形式尚无统一界定，一般认为有口头、行动、人为设立环境三种方式。有专家和律师表示，违背受骚扰人的意愿，故意作出或者发出性的行为或者挑逗，使对方的身体、心理产生不适、不快的都属于性骚扰。无论是口头还是行动，都会使对方感到难堪。

性骚扰的方式可谓形形色色，从行为或情节上看它比性犯罪的野蛮程度要低很多，但这无法改变它“不受人欢迎”的事实。性骚扰通常会给女性造成极大的心理伤害，比如耻辱感，损害女孩的自我形象以及自尊和自信。如果一个女孩儿屡次遭受性骚扰，她就很容易怀疑自己的价值。性骚扰还会增加女孩儿对男性的厌恶和恐惧，使她生活在恐惧、怀疑和压抑之中。人有想象的天性，不愉快的想象可能使女孩患上“男性恐怖症”，以致严重影响她对整体男性的看法。

所以，女孩儿必须学会自我保护，这样才能有真正的安全感。在一般人际关系中，女孩儿与男性说话要落落大方，尽量避免过分女性的言辞和腔调。一旦遭到性骚扰，要学会冷静处理，千万不要惊惶失措，也不要用伤害性的语言攻击对方，以免激怒对方。

妈妈最想对你说的话

亲爱的女儿：

今天妈妈要给你上一堂自我保护课——防范性骚扰和性侵犯，妈妈先教你几个重要的战术，你要好好领悟。

(1) 脱离战术。三十六计走为上，逃走或摆脱是最常用的方法，也是最安全的方法。比如，在偏僻或走夜路时有男人靠近你，应尽量跑开。或许对方不是坏人，但“逃错”总比“逃不掉”更安全。

如果对方抓住你，你可以抓起一把土抛向他的眼睛，或捡起石块砸他，制造机会逃跑。如果在室内你发现对方心思不纯，动机不良，应找个借口尽快离开。如果在对方家里或汽车里面临性骚扰，你不妨把对方的贵重物品，如钱包、手机等扔出窗外，使他不得不赶快去捡，这样你就可以逃走了。如果流氓纠缠或尾随你，你应该赶快到人多的集市、商店或更衣室、卫生间躲避。

(2) 求助战术。面对性骚扰时，高声呼喊是最简便的方法。呼喊时不要喊“救命”，而要喊“来人”“抓小偷”或“着火了”等，因为一般人胆小、怕歹徒凶恶，不敢来救援。如果在家里遭到了性骚扰，可直接喊邻居的名字。当你走夜路被人追赶时，可以对着附近的院子喊：“爸爸快开门，有坏人追我！”如果屋子里的人听不见，你可捡起石头砸碎人家的玻璃，使屋里人出来。如果被歹徒劫持，你可以“找人麻烦”，比如故意和别人吵架、随地吐痰、违反交通规则、伸手拿路边小摊上的东西，这样别人就会和你吵架，甚至把你送到派出所，歹徒自然无法劫持你了。

(3) 欺骗战术。所谓“兵不厌诈”，在必要的时候，欺骗也是不错的战术，能有效地保护自己。如果在路上被拦截，你可以骗对方：“我一个人住，到我家痛痛快快地玩吧！”然后把他骗到父母或亲戚那里，让他们收拾歹徒。或在歹徒跟你走的时候，趁对方不注意逃走。还可以骗对方：“我被查出有艾滋病，还没有男人敢追我呢！”使用骗术态度要自然，神色要镇定，眼睛要注视着对方，要自信自己一定能骗过对方。

(4) 说服战术。一般来说，歹徒是很难被说服的，这种战术只适用于比较熟悉的同学、朋友、亲属等人。调查显示，很多性骚扰的发起者是熟悉的亲人、朋友，因此对待这些人，你也要多一分警惕。当他们的企图心暴露时，你可以采取说服战术。在说服对方的时候，一方面要讲明这是违法犯罪行为，另一方面还要给对方留面子，不要骂他“臭流氓”，在言语上表示他只是一时糊涂，只要他停止，你就不追究，要讲得明确、具体、形象。值得注意的是，不要哀求，不能示弱，因为你越怕他，他会越来劲。

除了以上几个战术，你还应该注意从源头做起——预防为主，比如在日常生活中，不要穿坦胸露背或超短裙之类的服饰，更不应穿着这样的服饰去人群拥挤或僻静的地方。外出时，尤其是去陌生的环境，要注意那些不怀好意的尾随者。如果有人骚扰你，应该及时回避和报警，不要有丝毫的犹豫不决。当你做到了以上几点，相信你一定能够保护好自己，不让坏人得逞。

——爱你的妈妈

女孩子手淫正常吗

梦岚在上初中三年级的时候，有一次例假结束后洗澡，为了把阴部洗干净，她便用手使劲揉搓那里，没想到逐渐产生了一种奇异舒服的感觉，随即传遍了全身。她越揉搓，那种舒服的感觉越强烈，这使她没法把手从那里移开，反而愈加用力揉搓那里。不一会儿，舒服的感觉达到了顶点，有一种飘飘欲仙的感觉，最后她虚脱地坐在浴缸里。

过了很长时间，舒服的感觉才慢慢消失，梦岚就像从梦境中醒来一样，神情恍惚，惴惴不安。之后梦岚便疯狂地迷上了手淫，她基本上每天都要手淫，有时候心情特别烦闷，一天可能会手淫七八次。有时候在家里床上，有时候在浴室，有时候在课堂上，把手伸进口袋，慢慢摩擦阴部。

在享受这种快感的同时，梦岚的内心充满了自责，她不敢告诉别人，她内心充满痛苦的挣扎，有时候她非常恨自己，恨不得把自己的手割破，来阻止这种愚蠢的行为。她觉得自己在堕落，觉得自己的灵魂很肮脏。这使她的性格变得越来越孤僻。由于长期手淫，梦岚产生了严重的挫折感和自卑感，认为自己不是好女孩，认为自己精神有问题，因此经常生活在抑郁中，不愿意主动与同学、朋友交往。这使她内心的压抑感更加严重……

手淫是青少年性行为的一种，男孩手淫较为普遍，女孩也有手淫的，不过数量没那么多。因此，少女手淫后更容易产生心理障碍。青春期的女孩有好奇心理，在黄色书刊、影视中男女搂抱、同床共枕、接吻等镜头的刺激下，女孩的性欲会被激起，想入非非，从而产生自我探索的欲望，于是拨弄性器官，找到快感，致使养成了手淫习惯。

近年来，由于性科学知识的普及，人们对性自慰有了更科学的认识，尤其是男性性自慰的种种疑虑和困惑得以解除。但遗憾的是，女性对性自慰的问题还知之甚少，充满迷茫，甚至有些女孩因为手淫背上了沉重的思想包袱。其实如果只是偶然手淫，不会对身心健康造成大的影响。如果经常手淫，对生理和心理等各方面都会产生不良影响。手淫最大的危害在于因手淫产生的不正常的心理状态和反复刺激对性功能的影响。

女性长期手淫产生的副作用有四个方面：

第一，长期手淫，产生了依赖性习惯，一旦离开了这种熟悉的习惯就找不到快感。

第二，性器官对手指产生长期依赖，产生了对异性生殖器的陌生感或排斥感，甚至发生临床抵制。经常手淫，由于长期摩擦的结果，会使阴部变得感觉迟钝，甚至麻木，因而易造成性冷淡，婚后无法在性生活中找到快感。同时，由于阴部长期受到刺激，会使外阴局部畸形异状，如阴蒂过大、阴唇变形肥大等，造成婚后性生活障碍。

第三，长期手淫自慰会产生极大的心理偏差，即沉溺手淫的女孩，已不能意识到做爱是男女双方共同投入、共同创造的情感体验过程，而只是一个人单方面的满足，致使婚后与做爱对象灵肉分离，不能两心相悦，影响夫妻感情。

第四，少女手淫的危害主要表现在心理上。在初期手淫后，伴有生理性的快感的同时，往往会发生惊慌、恐惧、不知所措等不良情绪。在好奇心的驱使下，少女可能会寻找相关书籍，一旦发现手淫这种行为不好时，她们很容易产生后悔、羞愧、担心、忧虑等心理，产生自责感和恐惧感。这些心理会成为她们沉重的精神负担。

总而言之，手淫不可成为习惯，尤其不可成为依赖性的习惯。

妈妈最想对你说的话

亲爱的女儿：

妈妈首先要告诉你的是，手淫不是罪恶、不道德的行为，而是人们性本能的需要。况且不只是你一个女孩子手淫，因此，你不必对此感到惶恐不安。而且偶尔手淫不会对身体造成什么伤害。一位女士曾这么说："所谓自慰，就是当我独处时，我对自己的关爱与照顾，是和自己身体自然的亲近。这是很正常的行为，原本就是女人生活的一部分，完全合情合理。"

性学家通过大量的调查和对比研究发现：是否手淫与神经衰弱、躁狂抑郁症、精神分裂症、人格障碍、精神发育不全等精神疾患，以及胃十二指肠溃疡、支气管哮喘、原发性高血压、冠心病等心身疾病都无关联。研究还表明，是否手淫与日后的智商、成就、社会适应能力以及性功能等也无关联。这说明手淫并没有你想象中那么可怕。

其实，适度的手淫不仅无害，反而对你有一定的益处，对于消除性紧张、性压抑、缓解心理压力会有所帮助。当然了，凡事不能过度，由于女性特殊的生理特点，过度手淫所造成的生理危害也不能忽视。很多女孩在手淫的时候，由于手和异物的不清洁，容易把细菌带入体内引起感染。

以下几点你应该注意：

（1）女性尿道大约长4厘米，而且又接近阴道，手淫引起尿道口充血及微微的损伤，病原体能够通过短而直的尿道，很快上行感染到膀胱，甚至肾脏，造成感染。轻的可有尿频、尿痛等不适，严重时会有腰痛、发冷、发烧的症状。如果治疗不及时，会成为慢性炎症，并经常发作。

（2）女性阴道也只有7～8厘米长，正常情况下阴道口是闭合的，起到一定的保护作用。手淫可使阴道口张开，将病原体直接送入阴道，也极易上行感染，引起子宫、输卵管炎症。

（3）性冲动时白带增多，同时阴道口的前庭大腺也会增加分泌液体，这些物质是供给细菌生长发育的良好条件。手淫可把细菌带到生殖器官内，更容易引起发炎。

（4）正常情况下，女性阴道内是酸性环境，对防止细菌繁殖起到一定作用。但是，当月经期和月经来潮前后，这种环境有所改变，又为病原体的生长创造了条件，如果在这阶段手淫，更容易造成感染。另外，即使没有直接造成炎症，临床证实，在性兴奋的情况下，生殖器官是处于充血状态的，经常处于充血状态时，会使月经过多，造成生殖器官发炎。有些人在手淫时还向阴道内放置一些异物，这不仅增加感染机会，有时还能造成损伤。

因此，青春少女要妥善安排自己的工作和生活。业余时间多参加一些有益的文体活动和社会活动。不要看黄色下流、低级庸俗的书画影视作品，养成有规律的作息时间，按时睡觉，按时起床，睡觉时被褥不宜过暖过重。内裤最好用软质布料，不要太紧太小。要勤洗换内裤，睡觉前清洗外阴，月经期最好每日清洗两次。睡眠不要俯卧位，以右侧为宜。此外，乐观开朗的情绪、丰富多彩的生活都有助于青春少女身心健康。

——爱你的妈妈

该不该和男孩子交往

梦旋家庭贫困，父母常年在外打工，她在家跟爷爷奶奶生活。小学时因为她的成绩好，一直是班长兼学习委员，因为她穿得最差，不懂世事的同学们经常在老师不在的时候嘲笑她。

上三年级的时候，副班长（一个男孩）骂梦旋是野孩子，梦旋一气之下，将一瓶墨水泼在他的身上。放学的时候，那个男孩带着几个同学把梦旋打了一顿，从那以后，梦旋发誓不再和男孩子交往。

上五年级的时候，有一次跳绳，一个男孩把她头上的钗子抽走了，对方还把梦旋长长的头发攥在手里，疼得梦旋蹲在地上，钗子也被他扔到了校门外。几个同学围成一团，拼命地笑，一个女孩还对他们说，“你们看，她裤子破了一个洞。”那一刻梦旋发誓一定要考上重点中学。

那年，梦旋以全校第二名的成绩进入了重点中学，开学的第一天，她穿着粉红色的裙子走进了教室，当时她抑制不住内心的喜悦，一直微笑着，她感觉全班同学都将目光齐刷刷地聚集在自己身上。班主任见了她也不由得问她的名字，梦旋忐忑不安地站了起来，大声地说出自己的名字，给全班同学留下了深刻的印象。

坐在梦旋前面的两个男同学确定了她的名字后，就热情地与她搭讪，帮她买饭票、找床位、领书。虽然他们对梦旋很热情，但梦旋对他们一直都很疏远。不久后，有个男孩子给梦旋写情书，但是梦旋当着众人的面将情书撕掉，让那个男生感到非常受打击。

平日里，梦旋几乎不跟男生说话，当男生向她请教问题时，她都是能少说就少说，因为她觉得男孩子没安好心。虽然她的学习成绩很好，但是在班里的人缘极差，大家都不太喜欢她，尤其是男生认为她太傲慢、冷漠。

生活中，有这样几种现象，有的男生和女生交往频繁，整天在一起玩，在一起学习，而有的男生和女生却似仇人一样，彼此之间不说话，态度非常冷漠。尤其是到了青春期，有些女孩为了避免遭到闲言碎语的攻击，故意与男孩子疏远。这是由于封建观念的不良影响，使有些人对男女青少年的交往特别敏感，认为似乎男女之间只要交往，就容易发生早恋。其实这种观念是错误的，青春期与异性交往，有很多好处：

第一，在智力方面有利于取长补短。男生和女生的智力虽然没有高下之分，却有类型的不同。比如男生在数学、物理、化学等学科上有优势，女生在语文、外语、地理等学科上有优势。在掌握基础知识、灵活解题方面，男生可能占上风，在作文的叙述描写、运用词汇等方面，女生可能占上风。不言而喻，通过交往，男女同学可以从对方身上取长补短，有助于提高智力活动水平和学习效率。

第二，在情感方面有利于相互交流。人际间的情感极为丰富，比如亲情、爱情、友情、同情、敬爱之情、感激之情，等等。这就说明男生和女生交往可以不带爱色情彩，这种交往可以增进友谊，使人感到温暖，达到心理上的平衡。一般说来，男孩的情感粗犷热烈，且比较外露，女孩的情感比较细腻温和，富有同情心。所以，男生向女生倾吐苦闷和不幸，可以在同情声中平静下来，女生向男生诉说愁苦，可以在鼓励声中振奋起来……这种情感交流的感觉是微妙的，是在同性朋友身上所得不到的。

第三，在个性方面有利于互相丰富。交往范围越广泛，对个人的成长和生活的意义越有利。与外界交往越频繁的人，其精神世界也会越丰富，个性发展也就越全面。有项调查能够说明这个规律，那就是有异性同胞的孩子，在今后与异性交往时较少产生羞怯。在生活中，我们不难发现，交往范围越广泛的人，性格也越豁达开朗，朋友也越多，意志力也比较坚强。这正是多方面的交往对象的个性渗透和反馈，才丰富了他们的个性。

第四，在活动中有利于相互激励。有两性共同参加的活动，较之只有同性参加的活动，参加者的精神一般会更愉快，在活动中表现得也更积极、更出色。这是因为当有异性参加时，异性间的心理接近需要得到了满足，从而使人获得程度不同的愉悦感，并激发起内在的积极性和创造力。

第五，异性交往有利于增进心理健康。异性交往可以满足双方的心理需求，达到心理平衡；反之，缺乏异性交往，容易产生心理不适，容易发生性心理扭曲，导致性变态或性功能障碍，不少性偏离患者（如窥阴癖、恋物癖等）的病因，就是因为长期不敢与异性接触，对异性有一种自卑、胆怯、不满等心理所导致的。如果加强异性间的交往，往往有助于他们的变态心理得到缓解甚至消除。男女同学加强交往，可以增进了解，淡化彼此对异性的好奇心，掌握爱情与友情的区别，从而使大家的情感更加成熟。

妈妈最想对你说的话

亲爱的女儿：

青春期是人生的花季，也是充满困惑的时期，男女交往遇到各种各样的问题都是正常的。男女同学正常交往，既有利于班集体建设，又有利于增进对异性同学的了解，扩大交往的范围，提高与他人交往的能力，还能取长补短，提高学习效率。在这里，妈妈告诉你与男孩儿交往时要注意的问题：

(1)与男孩儿交往时要自然适度。在与男孩儿交往时，言语、表情、行为举止、情感流露及所思所想等，都应做到自然顺畅，既不过分夸张，也不紧张不安；既不盲目冲动，也不畏首畏尾。这样才能消除异性交往中的不自然感。对待异性同学时，要像对待同性同学那样，互相尊重，互相关心，互相帮助，既不过分亲昵，也不过分冷淡。

(2)要注意交往的方式和场所。异性交往应该以在集体活动中进行为主。因为集体活动的场所、气氛和方式有利于缓解男女生在交往时的羞怯感。集体交往的形式丰富多彩，如唱歌、竞赛、跳舞、讨论等。当然，有时候与异性单独交往也是有必要的，不过要注意时间、地点的选择，私下约会应适度。

(3)言谈举止要留有余地。在交往过程中，言谈举止不能毫无顾忌，比如交谈的话题不要涉及两性之间的敏感话题，交往时要把握好身体接触的分寸，不要过于拘谨，更不应过分随便。男女毕竟有别，有些话题、玩笑只能在同性之间交谈，有些动作只能在同性面前表现出来，比如勾肩搭背、拉手、打屁股等。

——爱你的妈妈

你能和男孩子约会吗

一天傍晚，海瑶放学回家，不经意间说出：“我班的高波明天过生日，他邀我和他一起吃饭。”妈妈听了不禁吃了一惊，忙问：“就请你一人？你答应了吗?”

女儿轻描淡写地答道：“对啊，答应了。他既然请我，我就答应呗，不就吃一顿饭吗!”

妈妈一时不知道说什么好，过了一会儿，她装作漫不经心的样子问：“那个男生为什么不多请几个同学呢？那样岂不是更热闹吗？”

之后海瑶把这件事告诉了同桌詹晗，引起了詹晗的疑惑。回到家里，詹晗神秘地问妈妈：“妈妈，我的同桌答应了男同学的约会请求，但是她的妈妈不太同意，我想知道，女孩子能不能和男孩子约会呢？”

女孩和男孩之间的交往，是青春期心理发展的需要。同龄人之间有相似的兴趣爱好，有很多共同的话题。在这种思想和情感交流中，可以互相了解、建立友谊，使你学会与人相处，学会宽容、忍让、互助、合作等，同时忘掉学习和生活中的一些烦恼，这是非常快乐美好的事情。但是，青少年尚未成年，对许多是非对错还没有足够的分辨能力，不能准确把握人与人之间的交往尺度。加之进入青春期后，因为性心理发展的原因，往往非常渴望与异性交往，与对方分享自己的感受，有时难免做出情感冲动的举动，一时间无法控制自己做出“傻事”。所以，对于青春期的男孩、女孩，应该多参加集体活动，尽量避免和异性单独相处。

妈妈最想对你说的话

亲爱的女儿：

当男生约你时，或许满足了你小小的虚荣心，毕竟这可以证明你的个人魅力，说明有人欣赏你了。在这个特殊的时期，无论男孩还是女孩，在情感上都会非常敏感。因此，面对别人的约会请求，如果你冷漠处之，会让对方误以为你看不起他，这可能会伤害对方的自尊心；如果你故作姿态、扭扭捏捏，对方可能觉得你虚伪、不真诚；如果你表现得傲慢，爱理不理，会伤害对方的热情，可能会因此失去一个好朋友……

妈妈的原则是热情真挚、大方自然，你可以去约会，但妈妈建议你带一个女同学去，这样就能避免对方打你主意了。妈妈认为热情大方、相互尊重是与人交往、建立友谊的基础。在交往中要学会尊重别人，不要随意评论别人的缺点，不要嘲笑别人的相貌和衣着，不要看不起学习成绩不好的同学，不要随便给同学起外号等。要知道，在异性交往中，只有你尊重别人，别人才会更加尊重你。

妈妈知道，你从来不是那种静不下来的女生，小时候妈妈经常告诉你：女生一定要矜持，这样才不会让人觉得你轻浮、浅薄，女生要懂得自尊自爱，要学会保护自己，这样才能更好地成长。面对别人的约会请求，妈妈尊重你的意见，如果你觉得有必要赴约，那就接受别人的约会请求吧，不过请把握约会的时间，不要和对方单独长时间处于一室，更不要去陌生的地方赴约。或许你觉得没关系，因为对方是你很熟悉、很要好的朋友，但请听妈妈一句：防人之心不可无，很多性侵犯、性骚扰，都是由一些熟悉的人造成的。

如果你不愿意，请大大方方地告诉对方，为了不伤害对方，不伤害你们的友谊，你可以找个拒绝的理由，比如你说："我要和妈妈去逛街，没有时间，所以不能答应你的约会请求！"或"妈妈要我在家参加打扫卫生，我走不开！"这样既让对方容易接受，也容易让你脱身，你说这样做是不是很好呢？

——爱你的妈妈

该不该迷恋高跟鞋

进入青春期已有两年多了，冰兰身高变化不明显，眼看身边的女孩子一个个长高了，冰兰自然而然矮了一截，因此，身高就成了她的一块心病。有时候班里的男生开玩笑，叫冰兰"小妹妹"，这让冰兰感到非常郁闷。

好友潇潇得知冰兰的苦恼，就给她出主意："穿高跟鞋可以增加身高，不信你试一试。"潇潇不说还好，这么一说，她真的觉得有必要买一双高跟鞋穿穿。在潇潇的陪同下，冰兰买了一双高跟鞋，穿了之后立即高出了许多，从那以后，冰兰迷上了高跟鞋。

穿高跟鞋的新鲜劲很快就过去了，取而代之的是冰兰那双可怜的脚丫受了苦。看来什么事情都有利弊呀，晚上吃饭的时候，冰兰问妈妈："穿高跟鞋挺漂亮的，可为什么每次穿它，脚都很疼呢？"

妈妈笑着说："高跟鞋不像平底鞋，可以天天穿，穿多了对脚丫不好。你想想啊，穿上高跟鞋之后，你的所有体重全部聚集到你的脚尖上，等于说你的脚尖点地，这样你的脚尖自然会很疼啊！”

“是啊，难怪我的脚那么疼！”冰兰皱皱眉头说。

妈妈接着说：“我建议你现在不要穿或少穿高跟鞋，穿高跟鞋虽然能让你看起来高一些，苗条一些，但是对你的健康是不利的。尤其是你现在处于青春期，还没有发育完全，身子还在长，如果你长期穿高跟鞋，会损伤你的脚，影响你的骨骼发育。”

“啊？！原来穿高跟鞋有这么大的危害啊，算了，以后还是穿平底鞋吧！”冰兰长叹一声。

高跟鞋对于女性来说是非常具有吸引力的。一双合适的高跟鞋可以让女性找到充分的自信。女青年穿上高跟鞋，重心前移，挺胸收腹，显得健美、轻盈，风姿绰约。但是并非每一个女青年都适合穿高跟鞋，尤其是处于青春期的少女更不宜穿高跟鞋。

处于青春发育阶段的少女，骨结构中软骨成分较多，骨组织内含水分和有机物多，无机盐少。骨质柔软，极易变形。女孩子过早地穿高跟鞋会引起骨盆和足部形态发生变化。骨盆是由骶骨、尾骨、左右髋骨、韧带和关节结合而成的一个骨环，这个骨环的结合过程一般从7岁开始，到25岁基本定形。

骨盆是人体传递重力的重要结构，穿平底鞋时，全身的重量由全足负担；穿高跟鞋时，全身重量主要落在脚掌上，这样就破坏了正常的重力传递负荷线，使骨盆负荷加重，容易引起骨盆口狭窄，给成人后的分娩带来困难。另外，穿高跟鞋还有可能使骨盆发生不易觉察的转位，影响骨环的正常结合，导致骨盆畸形。

足骨的发育成熟大约在15～16岁。鞋的大小直接影响足骨的生长。过早地穿高跟鞋会使足骨按照高跟鞋的角度完成骨化过程，容易发生跖趾关节变形、跖骨骨折及其他足病，这些病都会引起足部疼痛，严重时可影响行走、活动。

因此青春期的少女不宜穿高跟鞋，特别是那种鞋跟高7～8厘米的超高跟鞋。从生物力学的角度看，平时以穿鞋跟高度不超过3厘米的鞋为宜。

在选择高跟鞋的时候，应以舒适为第一标准，同时还应掌握一些秘诀。在这里教你几招选鞋的秘诀：

（1）在试穿鞋子的时候，要弄清楚它是否干净，有没有裂缝。柔软的皮鞋，也是品质耐用的保证。在挑选鞋子的时候，可以把鞋子弯曲一下，越容易扭曲，越显出弹力，表示品质越好。

（2）买鞋的时候，宁可买大一号的鞋子，也不要穿太紧太窄的鞋子，否则趾头顶着鞋尖，很容易伤到皮肤和骨头，走几步你的脚就会很疼。穿太窄太小的鞋子，容易损伤皮肤，影响脚部美观，还很有可能扭伤脚跟，这样的美显然是不值得的，美也无从谈起。

有些女性的双脚大小有点差异，加之一双鞋的尺寸并非绝对完全相同。因此，你买的鞋子可能一只大或一只小。此时，你应该放松鞋码，给大的那只鞋加一层鞋垫。

掌握了这几点，你就可以拥有一双美丽又舒适的高跟鞋了。

妈妈最想对你说的话

亲爱的女儿：

轻轻地，当你把一双水嫩的脚伸进那精致的高跟鞋时，细细的鞋跟就支撑起你的整个身体。你终于到了可以穿高跟鞋的年龄了，这时候你会兴奋。有人说，一个女人，如果没有一双高跟鞋，就像一个句子没有动词一样，是不可想象的。有人说，女人穿上一双美丽的高跟鞋，就会被带到一个美丽的地方。但是在去往美丽的地方之前，必须经过疼痛。

妈妈想告诉你的是，兴奋只是短暂的，当你的双脚不断受到磨难时，你就会发现穿高跟鞋不是一件让人舒服的事情。第一次穿高跟鞋的心情是那样的华美绮丽，兴奋与发自内心的幸福的疼痛，犹如爱情的最初体验。

穿了一段时间的高跟鞋，你对高跟鞋又爱又恨。爱，是因为穿上它能使你变得更加妩媚动人、风姿绰约。至于恨，那是因为美丽的高跟鞋带给你美好感觉的同时，会束缚你的双腿，穿上高跟鞋你就不能奔跑跳跃了，走路不能风风火火了，只能优雅地迈着碎步。从你第一次穿上高跟鞋的那刻起，你就结束了蹦蹦跳跳的童年时代，迈向了日渐成熟的少女时代。

虽然穿高跟鞋能增加你的身高，使你的身材更显苗条、秀美，但对身体健康是极为不利的。特别是你正处于青春期，身体还在不断发育，更应该少穿高跟鞋或不穿高跟鞋。但鞋后跟稍高一点并没什么坏处。一般鞋跟的高度不宜超过3厘米，这样才能减轻你腿部承受的压力。

——爱你的妈妈

染发才够时尚吗

期末考试结束了，涵双和几个好朋友围在一起商量暑假准备做什么。有的说每天都要睡到自然醒，然后看自己喜欢的电视剧，有的说要参加舞蹈班，把自己的身材练得更苗条，有的提议改变一下自己的形象。说到这里，有“点子大王”之称的芬尼非常兴奋，她说：“我们去染发吧，反正暑假要放一个多月的假，等开学了，我们再把头发染回来，大家觉得怎么样？”

这简直是一条“爆炸性”的提议，大家你一言，我一语，众说纷纭。不过多数人还是挺赞成这个提议的，有的说：“我早就想染发了，那简直酷毙了。”有的说：“我要染成红色的，那样一定会吸引大家的眼球，我就成了明星了。”

很显然，芬尼的意见得到了大家的支持，不过说实话，涵双并没有染发的强烈心理，她在暗中观察大家的言行，采取“从众战术”，如果大家都赞成去染发，她也染发。之所以这么做，就是不让自己成为“异类”，不想脱离群众。

没想到8个人中有7个人同意染发，剩下的一个人是涵双，她显然不会公然反对。于是她们约定第二天在某发型设计室见面。

第二天，涵双染了个淡黄色的头发，回到家里，立刻引起了爸爸妈妈的注意，还好明智的父母没有过多地责怪涵双，只是说了句：“孩子，你现在染发不太合适，因为你还是学生，搞得太有个性容易分散你的注意力，影响你的正常生活。”

一个多月后，要开学了，涵双又把头发染回了黑色。

涵双身上表现出来的是典型的从众心理，不过这种心理并非她独有。涵双正值青春期，这个时期的少女特别在乎自己的形象，特别希望得到别人尤其是异性的关注，而染发能够满足她的这一心理需求，加之很多同学也赞成染发，因此，她很自然地就“从众”了。

从众心理表现为人云亦云、随大流，是一种没有主见和缺乏自信的表现，涵双之所以随大流去染发，一方面是因为她害怕大家都染发而她不染，脱离了群众，害怕被孤立；另一方面是害怕大家都染发而她不染发，在个人形象方面被人比下去。可以说，这是青春期很多少女的常见心理。

值得注意的是，虽然从众有时候可以让你与主流保持一致，但主流也有好坏之分，对于好的主流，你去从众，那自然是一件好事；如果主流是不好的，你还盲目从众，那就是一种不理智的表现。因此，你需要提高分辨是非的能力。

妈妈最想对你说的话

亲爱的女儿：

每个人都有自己的个性和风格，如果为了随同大流而改变自己，你就失去了自己的个性，就拿染发这件事来说吧，虽然染发可以让你变得更时尚，增强你的信心和个人魅力，有些人会觉得这样很好，但有些人会觉得这样不伦不类，甚至会觉得你很土气。

另外，染发在给你增加美感的同时，也给你的健康带来了威胁。因为染发剂是通过化学药剂的渗透作用，使药剂色素分子从头发表面的鳞片和鳞片的空隙渗进去，与皮质纤维黏合，经过一定的时间后，分子彼此结合非常牢固，被黏住的分子再也无法释出到外面，同时原本含在头发里的蛋白素被药液分解，头发颜色即变成染发剂的颜色。

相关民意调查结果显示，98%的被调查者认为青少年染发不仅难看，而且有损健康。可见，你在这个年龄不宜染发。如果因特殊需要染发，最好选用短暂性染发剂（染发后三四天就能洗掉），不宜用持久性的染发剂。初次染发时，有必要作皮肤过敏试验，即将少许染发剂涂在耳后的皮肤上，若两天后皮肤未出现皮疹、发痒与红肿，便可染发，反之则不宜。

——爱你的妈妈

青春期的女孩能穿紧身裤吗

玲玲是个喜欢追求新潮时尚的女孩，到了青春期，她追求时尚的欲望有增无减。或许是少女更在乎自己的形象，更爱美了，玲玲迷上了穿紧身裤，她的说法是：穿紧身裤能显现翘翘的臀部和苗条的小腿，能让身材变得更有美感。

此话不假，连妈妈都发现她穿紧身裤后性感了许多。在班里，玲玲每次穿紧身裤都能引起不少男孩子的关注。这让她感到颇为得意。

可是有一天，玲玲回家后对妈妈说："妈妈，我的阴部很痒，还有臭味，这是怎么回事啊？"妈妈通过观察和了解，发现罪魁祸首是紧身裤。查阅相关资料后，妈妈才发现穿紧身裤虽然可以收腹提臀、突出身体的曲线，使人看上去更苗条，但是对健康危害非常大。之后她给女儿讲了其中的道理，女儿才知道紧身裤要少穿。

众所周知，一个穿紧身裤的少女和一个不穿紧身裤的少女相比，前者的身体线条会非常丰腴，看上去更苗条，这比宽松的校服漂亮许多。然而，从生理角度来看，青春期的女孩子穿紧身裤并不是一件好事，这对健康的危害很大。

由于女性的阴道经常分泌一种杀灭细菌的酸性液体，使外阴部常呈湿润状态。如果穿着普通裤子，阴部的环境比较宽松，有利于局部的血液循环，使空气流通、潮气容易散发。如果女孩经常穿紧身裤，那么裆部的空气不流通，不但无法使湿气散发出去，还会增加汗量（尤其是夏天），致使阴道分泌物和汗液滞留、发酵，从而产生难闻的气味。如果阴部长期处于闷热、潮湿的状态，就容易滋生细菌，继而引起外阴部的感染、炎症，造成阴部瘙痒，严重的还会导致阴道炎、尿道感染等。

同时，紧身裤使骨盆、臀部被紧紧包裹住，使在正常生活或体育活动时无法做到轻松自如，还会使腰部受到压迫，影响腹部呼吸的进行，使人感到胸闷气急、呼吸不畅，甚至有可能压迫腹内的血管，影响血液循环，使人产生头昏眼花等症状。青春期的女孩长期穿紧身裤，可能会影响骨盆的发育，造成骨盆狭窄，给成年后的生育来困难。

很多青春期的女孩不管是在夏天还是冬天，都喜欢穿裤袜和紧身裤，表面上看没什么问题，其实是在给大量厌氧菌的滋生提供了有利环境，成为产生阴道炎的潜在因素。人体中有大量的共生菌，也有不少致病菌，如大肠杆菌、霉菌、厌氧菌等组成的菌群，它们互相之间处于一种平衡的状态，其中厌氧菌最适宜在封闭、阴暗和湿润的环境下繁殖。尽管冬天的气温较低，但少女四肢运动活跃，而裤袜、紧身裤等一般会穿十多个小时。由于长时间的紧紧包裹，很容易制造适合厌氧菌大量繁殖的环境。正常情况下，阴道内的厌氧菌含量为70%左右，但是经过这样的"环境培养"，将使其含量大大增加。菌群比例一失调，炎症便产生了。对于爱美的女孩子而言，也许使用西方比较流行的吊袜带比穿着裤袜或紧身裤更为健康。

妈妈最想对你说的话

亲爱的女儿：

当你看到T台上模特们的身材、身姿，会不会产生羡慕之情呢？当你看到模特们走猫步时，是不是有种想学的冲动呢？当你看到模特穿着紧身裤，把自己性感的长腿充分彰显的时候，你是不是也想穿紧身裤呢？妈妈不否认穿紧身裤会给女孩子增添几分妖娆和性感，增添几分美丽，可是你知道吗？穿紧身裤对健康并没有好处。在这里，妈妈先给你讲一个故事吧，相信你听了之后一定会受益。

1815年，法国英雄拿破仑与英军统帅惠灵顿在滑铁卢交战。尽管惠灵顿非常熟悉拿破仑的用兵之道，具有丰富的与法军作战的经验，但面对拿破仑时他也不敢轻举妄动。经过细致观察，惠灵顿将军发现了一个重要的问题——拿破仑根本就没有亲自指挥那场战争。原因在哪里呢？直到几百年后，人们才终于找到了拿破仑没有亲临战场的原因。

原来拿破仑在帐篷里休息。为什么在帐篷休息呢？因为他要吸食鸦片。为什么要吸食鸦片呢？目的是止痛。为何要止痛呢？因为他得了严重的痔疮。而他得了严重的痔疮是因为他穿紧身裤，他穿紧身裤的原因是巴黎到处都流行穿紧身裤。

这个故事是不是让你懂得：面对时尚要冷静，而不要盲目追求时髦呢？健康是生命的基石，身体是生存和生活的本钱，穿衣打扮要以健康为最终原则，如果穿得美却有损健康，你是不是要有所节制呢？少穿或不穿才是明智之举。

处于青春期的你身体正在发育阶段，如果经常穿紧身裤会使身体受到束缚，不利于身体发育。另外，紧身裤会像一张严密的网一样，把你的皮肤弄得无法呼吸，会产生很多皮肤疾病。尤其在阴部，由于那是一个敏感的区域，需要通畅透气，所以不宜穿紧身裤、裤袜或紧身的内裤，否则会给你带来麻烦的，明白了吗？

——爱你的妈妈

牛仔裤适合常穿吗

13岁的凌香是个初二女孩，她人长得漂亮，又比较喜欢追求时尚，一年四季都爱穿牛仔裤。有一次，凌香觉得下身奇痒无比，洗澡的时候，凌香发现大腿间、私处出现了很多一团团、一簇簇的红疹。凌香大吃一惊，担心自己得了重病，又害怕被父母误解，就和一个要好的女同学去了一个诊所。诊所的女医生看了一眼，就说凌香得了性病。这让凌香震惊不已，因为她根本没有和别人发生过性关系，何来性病呢?

面对诊所医生开出的几百元的药费，凌香犹豫了，面对诊所医生得出的病情结论，凌香疑惑了。无奈之下，她回到家里，把情况告诉了妈妈，在妈妈的陪伴下，凌香来到了人民医院检查，那里的医生告诉凌香："这是常见的皮肤病，不必大惊小怪，请问你是不是经常穿牛仔裤？"

凌香点头道："是啊，我喜欢穿牛仔裤，经常穿，怎么啦？"医生说："牛仔裤比较厚，穿在身上，无法使你的私处通风透气，加之走路的时候不断摩擦皮肤，容易引起皮肤病。"这时凌香才豁然开朗起来，原来是一场虚惊啊！

风靡全球的牛仔裤，受到了很多青少年的喜爱，甚至成为了他们的一种嗜好。打开少男少女的衣柜，里面通常有一些牛仔裤。很多青春期的孩子认为，穿上牛仔裤能展现自己的青春活力和线条美，于是他们行、动、坐、卧天天都穿牛仔裤。

健康专家认为，女孩如果长期穿紧身牛仔裤，不利于排汗及腺体的分泌，影响热量散发，非常容易引起泌尿系统感染，严重的还会引起外阴瘙痒，白带增多，造成阴道炎、外阴出血、阴部皮肤黏膜受损等。紧身的牛仔裤会使臀部绷得过紧，导致血液循环不畅通，也可能引起局部的毛囊炎、疖肿等现象。

专家还表示，青春期的少男少女臀部和骨盆发育尚不完善，在这个时期如果臀部和骨盆的血液不能很好地循环，没有充分发育的空间，将会严重影响骨盆、腰、臀部的发育，形成小骨盆，对将来的生育会造成不良的影响。

妈妈最想对你说的话

亲爱的女儿：

牛仔裤、紧身衣裤虽然穿在身上很时髦、很美，但因有其弊端（或称为危害），所以不宜经常穿这些服装，可适时穿几天，然后换穿其他衣服，这样更显得新鲜，而且有益保健。

牛仔裤制造工艺独特，设计别出心裁，穿在身上可体现出体形美，还有一些专为女性制作的紧身衣裤，更是把女性的身材曲线勾画得栩栩如生，深受当代青少年的青睐。有一项调查显示，全球近90%的人至少拥有一条牛仔裤，拥有10条牛仔裤的人竟然占到了调查总数的45%。然而，经常穿牛仔裤，对你的身体健康很有害处！

⑴容易引起阴部发炎。牛仔裤布料非常厚实，稍微紧身一点的牛仔裤，都会将阴部裹得紧紧的，造成裆部透气性能极差，使阴部的汗臭味无法散发出去，以至于那里经常处于潮湿、灼热状态。女性穿紧身牛仔裤更是不妥，因为女性阴道经常分泌酸性液体，如果穿紧身牛仔裤，就会给细菌制造繁殖的条件。

⑵容易引起不育症。女性如果长期穿牛仔裤或紧身裤，容易引发尿道炎、膀胱炎、肾炎、盆腔炎和附件炎，如久治不愈，还可能导致女性不孕。

⑶容易引发皮神经炎。穿牛仔裤的时候，腰带的位置正好是股外侧皮神经丛深层穿向浅层皮肤部位，很容易因为受压而导致供血不足，产生缺血性损害，表现为该区皮肤感觉迟钝、麻木甚至没有感觉，医学上称之为股外侧皮神经炎。

无论男女常穿牛仔裤和紧身衣裤，都会引起阴部瘙痒、刺痛，极易引发阴囊和股部皮炎、湿疹、毛囊炎、癣症等。对于女性来说，还易发生尿道感染，甚至膀胱炎、肾炎等病。因此，牛仔裤、紧身衣裤虽然穿上很美，但因有其弊端或危害，所以青少年男女不宜久穿这些服装。

——爱你的妈妈

网恋真的可以相信吗

有个不到15岁的女生，在上高中之前，父母为了让她多学点东西，为她配置了一台电脑。有了电脑之后，她整日沉迷于网络聊天，还交了一个所谓的"老公"，完全没有心思学习了。父母发现女儿和"老公"的聊天非常露骨，言语中满是挑逗，感到非常担心。

后来父母商量后决定把宽带停掉，家人轮番对她做思想工作，她也答应把心思放在学习上，可是她虽然答应了，但是做不到，没过几天，她又和"老公"联系了。原来她用妈妈的手机跟"老公"发信息传情，有愈演愈烈的趋势，短信里还说什么"有空来找我"。妈妈把手机藏起来后，那男的还一个劲的发信息过来。女孩的父亲很气愤，就打电话过去，谁知道那男的不敢接电话。

父母为女儿网恋的事情急得团团转，女儿却笑呵呵地没当回事……

关于网恋的话题可谓多如牛毛，对于网恋，每个人都有自己的看法，有的人避而远之，唯恐不小心被网恋陷害；有的人觉得无所谓，认为如果遇到了自己喜欢的人，在网上来场精神恋爱也是不错的；有的人认为网恋虽然美丽浪漫，却总是太虚无，美丽过后会留下痛苦，想尝试又害怕。

网络有着巨大的魅力，它能让陌生的人相识，就算天各一方，也能因为网络的神奇而变得没有距离感，我们生活的世界因为有了网络而变得更加精彩生动。几乎所有上网的青少年都会感叹网络的神奇与魅惑，有些青少年禁不起网络的诱惑，被网络的神秘深深吸引，情感会迷恋其中而不能自已。

青少年学习任务重、心理压力大，加之大多是独生子女，平时老师、家长与他们沟通不多，所以，上网交朋友、聊天成为了他们缓解压力的一种方式。这种方式打破了现实中异性交往所受到的限制，而且父母和长辈也很难知晓，让他们感到特别自由，因此可以尽情宣泄自己的情感。青春期是青少年情感萌发的时期，他们对异性有了主动接触的兴趣，加上网络为他们提供了良好的环境，他们可以肆无忌惮地表达对异性的好感。这也导致他们的网恋变得让人瞠目结舌，有些青少年和异性网友聊过一次、有过一次视频后，便一见钟情。有的青少年在第一次“接触”后便勇敢地说“我爱你，我要嫁给你”，迅速在网上确立了恋爱关系。

遗憾的是，不少青少年把虚拟的网络空间当成了现实，陷于网恋中难以自拔。有的青少年甚至荒废了学业，还有一些人为了去见网友，不惜离家出走，给家庭和学校造成了不良的影响。甚至有些天真烂漫的少女神秘失踪、被人拐骗。因此，提高自我保护意识，防止掉入网恋陷阱，是青少年应该重视的问题。

妈妈最想对你说的话

亲爱的女儿：

不可否认，在现实生活中，很多人喜欢戴着假面具，很少有人在他人面前流露真情实感与内心想法，因此我们也难以坦诚地向别人倾诉，为此我们感到疲惫。而在虚拟的网络世界中，我们少了许多压力，可以抛开所有的伪装，大胆地表露心里话，这样的交流拉近了人与人之间的心理距离。

在现实生活中，也许你很难将“我爱你”三个字说出口，但在网络中，你却可以不厌其烦地将其喊出来，在网上你可以把亲吻和拥抱送给别人，给喜欢的人送花。你也可以大胆露骨地表露爱意，或者给心仪的人写情书，甚至来段网络婚姻，所有这一切，虽然都是虚拟的情景，却让人感到真实和亲切，与现实中的恋爱一样让人怦然心动。

网恋的魅力在于网络的虚幻，而这种虚幻也恰恰是它具有的危害所在。如果过分天真地认为网络是一片乐土，流连忘返，就会对自己造成危害。妈妈想告诉你的是，网恋的浪漫是根植于虚拟的网络之上的，顶多只能成为生活的调味品，万万不可将其当做大餐来对待。如果你沉迷其中，把网恋真的当回事，有可能得不偿失。

当然，也有许多人在网上相识、相爱，变成了现实中的情人，并且相处得不错。但是，妈妈想说的是并不是所有的网恋都有美好的结局，更多的是“见光死”。有人曾经说过：“网络通常会产生三种人，第一种人在网上突出他的次要性格，第二种人在网上把自己变成他希望的那种人，第三种人在网上把自己变成不可能成为的那种人。”所以说，网络上也有许多人戴着面具，你在网上喜欢的某个人，在现实中可能完全是另外一个人。

或许这就是网恋成功率较低的原因所在吧。

网恋是否真实，不同的人答案是不同的，作为一种交流的手段，它与现实中的谈情说爱并没有什么本质的差别。换句话说，“网”在两个人之间只是交流的工具，关键在于“恋”，如果你把网络聊天当做一种缓解压力、宣泄情感的方式，那未尝不可，如果将网络恋爱太当真了，甚至答应对方的见面要求，妈妈不得不提醒你小心了。你现在还没有踏入社会，对社会缺乏了解，缺乏人生经验，因此要提高自我防卫的意识。尽管我们不能武断地对网恋“判处死刑”，但慎重对待，提高自我保护意识，还是很有必要的。

——爱你的妈妈

为什么会被网友欺骗

上网聊天、交友不是什么稀奇事，13岁的丹丹也有许多网友，每天做完作业，最开心的事莫过于在网上和网友“侃大山”。在众多网友中，与丹丹最聊得来的是一个名叫“帅才”的网友，他谈吐幽默风趣，经常把丹丹逗得哈哈大笑。

由于对方看过丹丹的照片（丹丹长得水灵灵的，非常可爱），因此他总是拐弯抹角地提出要与丹丹见面，其实丹丹也想看看对方是不是真的很帅、很幽默。在对方的再三邀约下，丹丹就答应了。

见面时间定在周日下午3点，地点选在丹丹家附近的商场门口。丹丹是想到时候和网友一边逛商场，一边聊天，因为商场人多，即使对方心怀不轨也很难找到下手的机会。充满期待的周日终于到来了，吃完午饭，丹丹就开始梳妆打扮，第一次和网友见面，自然要多花点心思。

两点半的时候，丹丹准备出门赴约，却被妈妈叫住了，“丹丹，你要去哪里？”“我，我约了朋友逛商场！”说话时，不由得有些不自然，或许妈妈看出来了，但她只是说了句：“既然约了朋友，那就去吧！”说完，妈妈就做别的事情去了。

丹丹来到商场门口，顺利地与“帅才”碰头了。他是个身材高大的男生，染着金黄色的头发，看起来好像有二十多岁。丹丹对他的第一印象就不太好，觉得他是个街头小混混。但是既然见面了，也不好马上就说“再见”，于是他们一边逛商场，一边聊天。

聊起来的时候，丹丹发现他不善言谈，说话总是吞吞吐吐，似乎非常紧张。丹丹还安慰他不要紧张，大家放松点，谁知道对方听了这话，马上随便起来，竟然主动去牵丹丹的手，丹丹生气地甩开他的手，愤怒地说：“请你放尊重点，有你这么随便的吗！”出乎丹丹的意料之外，“帅才”竟然嬉皮笑脸地说：“你不是说放松点吗？去我家吧，到那里可以尽情放松！”

听了这话，丹丹感到事情不妙，正当她绞尽脑汁想怎么终止约会时，“帅才”紧紧抓住她的手，拉着她往商场外面走。任凭丹丹怎么挣脱，对方就是不放手。说时迟，那时快，丹丹的妈妈突然出现在他们面前，对“帅才”大喝一声：“给我住手，谁叫你对我女儿无礼！”“帅才”看到丹丹的妈妈来了，马上扭头走出了商场。

就这样，丹丹第一次与网友见面以可怕的情形收场了，看来网络世界和现实生活真的不应该混为一谈啊！

在网上搜索一下，你就会发现与网友见面被骗的案件不计其数，女孩与网友见面，通常有这样几种不良遭遇，如被骗色、骗财，被拐卖等。很多不安好心的人利用少女的好奇心强、防范意识差等弱点，将女孩骗出来，然后对其实施强暴、抢劫，因此与网友见面是一件风险挺大的事情。

当然，这并不是说所有的网友都是坏人，善良友好的网友也是存在的，只是你应该提高判断力，提高自我防范意识，不要轻易接受别人的邀约，如果真的觉得对方不错，你想与对方见面，不妨带上朋友一起去，这样能够较好地保证你的安全。

妈妈最想对你说的话

亲爱的女儿：

妈妈不否认，在网上能交到真诚相待的好朋友，更不否认可以与网友见面。因为任何情感交流都难以脱离现实的交往，如果仅仅依靠网络虚拟的交往，是无法将友谊维持下去的。当你与网友真正了解了，把这种美好的友情通过见面带到现实交往中来，也是一件好事，毕竟多交好友多受益嘛！

可是凡事无绝对，事情都是有两面性的。作为青春期的少女，在交友的时候一定要谨慎，要多交益友、善友。当然了，网络是个虚拟的东西，在无法面对面交流的情况下，你很难辨别对方是什么样的人，对此妈妈建议你通过对方的言语来判断对方的心理。因为每个人说的话都是内心情感的反映，虽然有些话是虚伪的，但是只要你用心去辨别，也是可以从中看出蛛丝马迹的。当你发现对方有歪主意、坏想法，要毫不犹豫地将他从你的好友名单中剔除。

俗话说："知人知面不知心。"面对网友，你连对方的面貌都无法知晓，因此一定要慎重对待见面这样的事情。当然，如果通过长期交流，你发现对方的确不错，当对方约见你时，不妨答应。不过害人之心不可有，防人之心不可无，提高防范意识还是非常有必要的。

见面的时间不要选在凌晨或傍晚，更不能选在夜里，这是最基本的常识。见面的地点应该选在公共场合，而不应选在偏僻的角落，更不能选在某处室内。见面时，妈妈建议你最好找个伴，见面后，如果别人给你东西吃，你应该学会拒绝，特别是别人给你的饮料，绝对不要喝。

除此之外，必要的人际交往礼仪你应该掌握，学会真诚待人，尊重对方，文明谈吐，这些都是一个有教养的孩子应该做到的。这样才会给别人留下良好的印象，增加你们进一步交往的可能性。

——爱你的妈妈

男女拥抱接吻就是性行为吗

亦旋曾在报纸上看到一篇新闻报道：成都某大学的一位男生和同班的女生谈恋爱已经一年有余，一天晚上6点多钟，他们一起到教室上自习。当时正值"五一"长假刚结束，空旷的教室里只有他们两个人，按照上自习的习惯，他们把教室的门关上了。他们各自看了一个多小时的书，感到有些疲倦，就在一起聊天、拥抱、接吻，却不知这些都被学校监控室的录像设备录了下来。之后这两位同学被学校开除，而开除的理由是他们发生了性行为。

13岁的亦旋刚进入青春期，对性行为不太了解，看了这篇报道之后，她感到很纳闷，心想："如果拥抱、接吻就是性行为，那很多以拥抱、接吻为礼仪的国家，岂不是性行为大行其道？"亦旋平时也见过不少男女在公共场合拥抱、亲吻，难道他们就是在发生性关系吗？

亦旋越想越觉得不可思议，就请教了母亲："拥抱、接吻算是性行为吗？"母亲笑着说："按照性欲满足程度的分类标准，科学研究将性行为分为两种类型：一是核心性性行为，即两性性行为；二是边缘性性行为，如接吻、拥抱、爱抚等。所以，拥抱、接吻不是真正的性行为，最多算是边缘性性行为。"

亦旋不解地问："那为什么学校会将两位拥抱、接吻的学生开除呢？"妈妈笑着说："学校这么做有他们的出发点，他们是想让校风变得更纯正，可能做法上有些让人难以接受吧！"听了妈妈的话，亦旋点了点头。

在电视里、报纸上，我们常常能看到"性行为"一词，在我们生活的周围，我们也能经常看到男男女女在一起亲昵、拥抱、接吻的场景，这些行为是性行为吗？很多懵懂的青少年并不知道性行为究竟是怎么一回事，随着他们进入青春期，性别意识逐渐觉醒，男女性征有了较大的差别后，他们渴望了解性行为。

与性交相比，性行为的含义要广泛得多，一般说来，性行为有以下几种：

（1）目的性性行为，这就是性交。这是性行为的直接目的和最高体现。一般说来，通过性交，人们的性需求就得到了满足。

（2）过程性性行为，即性交前的准备行为。如接吻、爱抚等动作，目的是为了激发性欲，更好地进行性交。性交之后还要通过这样一些动作，使性欲逐渐消退，作为尾声，这也是过程性性行为。

（3）边缘性性行为，这种性行为的范围非常广泛。它的目的是为了表达爱慕之情，或者仅仅是爱慕之情的自然流露，而不是为了性交。边缘性性行为有时很隐晦，比如眉目传情，表现为微微一笑，这个眼神只有两人能感觉到，其他人是无从得知的。

关于拥抱、接吻，如果是作为性交前的准备，可以视其为过程性性行为；如果只是爱慕之情的自然流露，不以性交为目的，那么就是边缘性性行为。当然，某些西方国家把拥抱、接吻作为一种见面的礼仪，就同性行为完全无关了。

妈妈最想对你说的话

亲爱的女儿：

当男性和女性真心相爱时，他们会很希望在一起，会牵手、拥抱、接吻，用这些亲密动作表达互相的爱意。随着不断地交往和接触，爱情之果渐渐成熟，他们就走入了婚姻的殿堂，结为了夫妻。为了延续他们的爱情，他们努力做好物质上、经济上、心理上和身体上的准备，当机会成熟时，他们就会希望有一个孩子。

为了让女性孕育一个小宝宝，男性和女性通常会带着爱意拥抱、亲吻对方，这些动作会使他们的身体发生一些变化。比如，男性的阴茎会勃起，变得坚挺有力；女性的阴道会分泌出柔滑的液体，让阴道变得湿润光滑。然后，男性勃起的阴茎进入女性的阴道中，并最终把体内的精子排入女性的阴道。每个月女性都会有一个成熟的卵子从她们的卵巢排出，并进入输卵管等待着与精子会合。我们知道，男子每次射精都会有数以万计的精子，当它们进入女性的身体后，就会努力向那个卵子游去，争取与那个卵子结合。这就是性行为。

进入青春期的你，无论是在生理上，还是在心理上都会产生一些变化，性能力和性意识也随之产生，这是非常正常的生理和心理现象。如果你对性产生好奇，有了性冲动，也是正常的，没有必要认为自己学坏了。妈妈想告诉你的是，性行为是很神圣、高洁的事情，和相爱的人发生性行为才是最幸福的，现在你要做的就是好好学习、广泛交友，培养自己各方面的才能，将来成为一个有出息的人，为找到心爱的人做准备。

——爱你的妈妈

怎样做才能受同学欢迎

婷婷是一个上初二的女孩，因为心直口快，经常当面揭人伤疤，挖人污点，得罪了不少同学，大家都不爱跟她交往。一天班里几个女生在一起谈笑风生，婷婷也想加入其中，可是大家并不欢迎她，见她插话，大家纷纷散去，婷婷生气极了。

同桌的男生知道婷婷的心思，故意开玩笑地说：“你知道她们为什么躲着你吗？因为你太厉害了，你的嘴就像一把刀，总是毫不留情地戳到别人的伤疤上。”为此婷婷和同桌大吵一架，最后还惊动了老师。

回家后，婷婷非常难过，不吃饭也不说话，妈妈耐心地安慰女儿，等女儿心情平静下来后，妈妈认真地对婷婷说：“妈妈知道你想做一个受人欢迎的女孩，原本你长得漂亮，学习成绩又好，应该比较受人欢迎的呀，但是为什么结果却不是这样呢？我想你应该反思一下自己啦！”

婷婷平静地说：“我的同桌说我喜欢揭人伤疤，说我喜欢揭短，不知道给人留面子。”妈妈微微一笑，说：“是啊，其实妈妈也发现了你这个问题，而且曾多次跟你提过，你现在知道它的危害性了吧！每个人都有自尊，不希望别人知道自己的缺点，如果你不懂得这一点，总是管不住自己的嘴，把别人的缺点说出来，而且是当着众多人的面说，你想别人的脸往哪儿放呢？俗话说‘打人不打脸，骂人不揭短’就是这个道理。”

这番意味深长的话使婷婷深深意识到自己的错误，她认真地点点头，表示以后会努力改正这个毛病。经过一段时间的努力，婷婷的人际关系逐渐改善了，她是怎样做到的呢？原来她努力帮助同学解答难题，不再说别人的坏话，不揭别人的短。

富兰克林曾经说过：“成功的第一要素是懂得如何搞好人际关系。”一个女孩在班集体学习成长，要想让自己开开心心，首先得懂得处理好与同学的关系，让大家都欢迎你，那么你应该怎样做呢？

第一，要学会宽容。在与同学的交往中，难免会发生矛盾，如果你不能宽容别人，总是耿耿于怀，心存芥蒂，那么小小矛盾就会变成情感隔阂，这样你不快乐，对方也不会快乐，最后你们的往来就会减少，于是人际关系就出现了问题。相反，如果你能大大方方地对同学说：“没关系的，咱们继续做朋友吧！”就很可能出现不一样的结局。

在与同学讨论问题的时候，如果你们的意见产生了分歧，要静下心来听对方讲述；如果你们无法取得一致，不妨学会接纳别人的意见。这是一种胸怀和气度的表现，可以避免发生冲突，减少人际交往中的误会，获得别人的好感和欢迎。

第二，待人要厚道。当别的同学取得好成绩时，不能眼红，不要嫉妒，更不要在背地里说人家的坏话。当同学有了困难时，应该主动帮助对方，而不能幸灾乐祸，更不能落井下石，否则你会引起别人的痛恨。

第三，要有人情味。在与同学交往的时候，不要咄咄逼人，不要过分要强，如果你事事争先，抢尽其他人的风头，就可能引起别人的不快。在与同学的相处中，要学会尊重、关心别人，有好吃的好玩的，不妨大方地与对方分享，还要学会谦虚礼貌，这样可以赢得同学们的好感，从而使他们更愿意与你成为朋友，帮助你，支持你。

第四，主动结交人缘好的同学。在你选择朋友，建立人际关系的时候，最好选择人缘好的人。为什么呢？首先是因为“近朱者赤，近墨者黑”，其次人缘好的人能给你带来好处，比如他（她）有很多朋友，如果你与对方成为了好朋友，那么朋友的朋友也自然成了你的好朋友，这样你就会受很多人欢迎了。

妈妈最想对你说的话

亲爱的女儿：

学校就是一个小社会，人际关系问题会影响你的学习和生活，每天你都必然要和周围的人打交道。你的人缘如何直接反映出你受人欢迎的程度，每个人都希望受人欢迎，相信你也一样。因为当大家都不和你说话，不与你交往时，你的处境是可悲的。所以，你要努力成为一个受人欢迎的人。

良好的性格是建立人际关系的重要因素，热情开朗，宽宏豁达，诙谐风趣的人总能让周围的人感到亲切和认同，乐于接受。你一定喜欢诚实可靠，正直而不虚伪的人；你一定喜欢乐观开朗，笑口常开的人；你一定喜欢积极进取、不断进步的人。那么，你是不是应该成为这样的人呢？

告诉你吧，孩子，长相不会令人讨厌，如果你认为自己长得不好，就让自己变得有才气，如果你暂时没有才气，那就保持微笑吧！如果你希望自己有气质，那么在没有把握好时尚要素的时候，不妨穿得纯朴；说话的时候，不要总是“我”字当头，要养成说“我们”的习惯；不要向同学借钱，那样很容易毁掉友谊。

告诉你吧，孩子，你应该坚持在背后说别人的好话，别担心这好话传不到当事人耳朵里。如果有人在背后说你坏话，你只需要保持微笑；爸爸妈妈开车送你去学校时，你不必在车上与骑自行车的同学打招呼，因为那样别人会以为你在炫耀。同学生病时，请记得去探望他，坐在病床上的时候要自然，回家后再认真洗手。

告诉你吧，孩子，面对你不喜欢的人，你也应该尊重他；学会自我批评，而不要自吹自擂；没什么能比鼓励让人表现得更好，所以，平常不要吝惜你的喝彩声；不要把别人对你的好视为理所当然，要学会感恩；与人交往时，多倾听，少唠叨；言多必失，人多的场合应该少说话；不要轻易承诺，也不要轻易拒绝，学会说“这需要时间”“我尽力”“我不确定”“当我决定后，会给你打电话”……

告诉你吧，孩子，不要期望所有的同学都喜欢你，那是不可能的，如果多数人喜欢你，那你就是非常棒的；在你演讲的时候，只要有一个人在听，你也要用心讲下去；当你浏览同学的博客时，记得给予鼓励和赞美性的评论，那样会给别人激励，同时也会让人感激你。

记住这些话，如果你做到了，你将会成为一个受人欢迎的人。

——爱你的妈妈

被误解了怎么办

“哎呦！”身后突然传来痛苦的呼叫声，悦悦停住脚步扭头去看到底发生了什么事。

只见摔倒在地的晓妍正愤怒地瞪着她，悦悦不禁打了个寒战，这是怎么了？为什么晓妍看起来特别讨厌自己。

“晓妍，没事吧，我扶你起来。”悦悦跑过去，伸手想要扶起晓妍。

晓妍甩开悦悦的手，冷冷说道：“你怎么这么没有公德心，都是你乱扔香蕉皮才害我摔倒，这是我的新裤子呢。”

悦悦一听这话，有些丈二和尚摸不着头脑。什么香蕉皮，她从不爱吃香蕉，更不会把香蕉皮随地乱扔。

快要上课了，操场上没有什么人，悦悦看到晓妍裤子膝盖处隐约有血迹渗出来，坚持要送她去医务室，晓妍却说什么也不让她扶。

就在两个人僵持时，班上另一名同学小萱从校门口走了过来，看到倒地的晓妍，赶忙去搀扶她，问她为什么会摔倒。

晓妍坚持说是悦悦乱扔香蕉皮才害她摔倒，悦悦解释说自己没有，但晓妍怎么也不信，还质问她：“你就走在我前头，如果不是你扔的，你怎么没有摔倒？”这让悦悦有理说不清，她不知道为什么香蕉皮会突然出现在晓妍脚底下。

“你们快看。”当悦悦和晓妍就香蕉皮的主人争吵不休时，小萱突然指着离她们不远处的一个五六岁的小孩说道。

两人向那孩子望去，只见那小孩正欢快地吃着香蕉，吃完后，竟然随手扔在了路边。

“原来是他，那孩子是王老师的儿子，听说非常调皮呢。”小萱再次开口说话。

晓妍看看脚下的香蕉皮，又看看被自己弄得面红耳赤的悦悦，一时不知道该说什么。

“晓妍，我说过我是清白的，这下我可以送你去医务室了吧。”悦悦总算松了一口气，拉着晓妍的手笑着说道。

“对不起，是我误解了你。”

“没关系，还好误解很快解除了，要不然我真不知道怎么办才好。”悦悦一脸庆幸，觉得轻松自如多了。

误解是指认识与实际不一致。它存在于每个人的生活中，只要有人与人的相处，就可能因为偏听或是沟通不当产生误解。

对于青春期女生来说，因为心智还不够成熟，在面对误解时，表现出来的行为也不一样。有的女生会不知所措，极力想辩解反而越说越乱；有的女生会选择沉默，相信总有一天会水落石出；也有极个别的女生会默默将“罪名”承担下来，等待机会来临时再解释。

这些处理行为都存在某些不足，都没有做到积极正面地去解决误会。同学之间各种各样的误会时常发生，有些本是小事一桩，却因为一方的若无其事，而导致另一方牢记在心、如梗在喉。这些因小事引起的误会不仅影响同学间的友谊，对于个人的身心健康也会产生不利影响。

那么，在受到别人误解时，怎样才是正确的处理方法呢？可以参考下面的建议：

（1）剖析原因。要头脑冷静地分析误解产生的根源，毕竟误解不会是无缘无故的，找到症结之所在才能从根本上解决问题。如果责任在自己，就大方道歉，如果不是，就要向对方表明自己的清白。

（2）沉着冷静。发生误会后，不妨坦然置之，在表明自己的立场后采取“冷处理”的方式，不气急败坏地到处辩白，也不要针锋相对相互谩骂。要知道，误解终有定论，误会总会消除，在真相出现前就撕破了脸皮会让事情越来越糟，就算误解解除也挽回不了感情。

（3）拿出证据。误解产生后，人们常常会被表面的现象迷惑，而看不清表象之下的事实真相。被误解者在混乱的表象面前，应该及时拿出证据来反驳，比如同学误解你偷了她的进口钢笔，你可以拿出你购买钢笔时卖方出具的发票。又比如父母误解你结交坏朋友，你可以把朋友请到家里跟父母做个交流。

（4）求助他人。当自己很难说清楚某件事情时，可以求助家长、老师或同学，让他们帮自己解释清楚。

（5）大度从容。孔子早在2000多年前就说过："人不知而不愠，不亦君子乎？" 对于那些错怪自己的人，不应该怨恨在心，毕竟谁都有犯错误的时候。如果睚眦必报，凡事都讲究"以其人之道还治其人之身"，那么误解将会演变成真正的隔阂。

（6）反对找茬。对于故意找茬的误解，就应该具体问题具体分析了，你可以置之不理，让对方硬铁打在棉花上，也可以据理力争，让对方明白你不是任人欺负的小绵羊。

谁都知道被误解的滋味不好受，所以在和身边的人相处时应该保持一颗豁达的心。多多沟通，有什么不理解的地方要及时说出来，不要闷在心里任其发霉变质。

妈妈最想对你说的话

亲爱的女儿：

你说你现在最讨厌的事情就是被人误解，被误解时你会觉得委屈、愤怒，想快点让真相大白。确实，没有人希望被误解，那样会很难堪很不舒服。但是误解一般都不是无缘无故的。当你被别人误解时，应该静下心来想一想，是不是自己之前曾做过什么事情给别人留下了不好的印象，从而造成对你其他事情上的误解。你应该相信身边的人大多都是善良的，大家不会无缘无故去冤枉谁或诽谤谁。

当然，事情不总是按着自己的意愿发展，如果误解一直不能解除，被误解的人会很容易陷进负面情绪，难以用积极的心态去面对已经发生的事情。

当对方误解你时，保持沉默和针锋相对都不是明智的选择。保持沉默会让别人觉得做错事的就是你。就算有一天真相大白，但存留心中的疙瘩仍然会有痕迹。针锋相对会让对方火气大发，就算误解解开，你曾经给他的难堪也会使其耿耿于怀很久。

其实，你可以采取的正确方法有很多。你可以心平气和地和误解你的人谈一谈，只要对方不是张扬跋扈或恶意中伤，误解是可以通过真诚的交流解开的。如果对方对你的误解较深，你应该试着去包容，用你的真诚和善良来感化她。如果对方故意诽谤，你就应该勇敢地与之斗智斗勇，不能让自己的人格受到侮辱。

面对误解，没必要抱怨、消沉，也不应该为适应别人而改变自己。如果因为别人的说三道四而改变自己的言行，你就难以成为生活的强者。最好的应对方法，就是坦然以对，让自己表现得更加优秀。

——爱你的妈妈

如何拒绝别人

“蓁蓁，放学后去我家吧，我家种的海棠开花了，可漂亮呢。”中午休息时，邻桌的晓云对着正在打盹的蓁蓁说道。

蓁蓁一下子清醒过来，她支支吾吾道：“这个，那个……”

“什么这个那个啊，你到底觉得怎么样，你不会是不想去吧？”晓云不觉地提高了声音。

“不是，不是，我去就是了。”蓁蓁很怕晓云不高兴，赶紧同意。

看到晓云脸上表情由阴转晴，蓁蓁也松了一口气。不过很快，她的心又提了起来。“不好，晚上答应邻居家的姐姐去找她学画画的，可是刚刚承诺了晓云，不能反悔，看来只能抓紧时间早点从晓云家出来了。”蓁蓁自我安慰道。

晓云家的海棠花开得非常鲜艳，但是蓁蓁的心早飞去了邻居姐姐家，说好了七点见面，现在都六点半了，眼看就来不及了。

“蓁蓁啊，晚上在阿姨家吃饭，我会给你妈妈打电话的。”晓云的妈妈把饭菜摆上饭桌后，对着蓁蓁说道。

“可是……”

“可是什么。我妈妈做的饭很好吃，你就留下来吧。”晓云边说边把蓁蓁拉到了饭桌前。

蓁蓁觉得这时候走，晓云和晓云的妈妈肯定会不高兴，于是就留了下来。吃饭时，晓云唧唧喳喳说个不停，蓁蓁的心思却飞到了九霄云外，她很担心邻居姐姐会生她的气。这让晓云觉得很没趣，觉得蓁蓁一直闷闷不乐，好像不喜欢自己似的。

终于吃完饭，蓁蓁从晓云家离开后快步跑回了家。当她揣着忐忑的心敲开邻居姐姐家的房门后，邻居姐姐已经准备睡了。蓁蓁想道歉，邻居姐姐却先抱怨道："蓁蓁，姐姐希望你能成为言出必行的人……"

躺在床上，蓁蓁郁闷极了，自己想把答应别人的事都做好，却总是事与愿违，邻居姐姐不再信任她，晓云也以为自己对她有意见。到底要她怎么做才好？

喜剧大师卓别林曾说：学会说"不"吧！那你的生活将会美好得多。

拒绝是一门学问也是一种艺术，学会拒绝别人又不让别人怨恨很难，但并不是不可能。对于青春期的女生来说，掌握拒绝这门艺术不仅可以保护自己还可以维持良好的人际关系。

下面列举了十种拒绝的艺术：

（1）不要轻易拒绝。如果事情是自己很容易就能做到的，就不要轻易拒绝，有时候，拒绝别人就是为自己关上了一扇友谊之门。

（2）不要随便拒绝。在没有听清对方的请求前就随便拒绝，会让人觉得你是个冷酷无情的人，在你需要帮助时，自然也很难得到别人的援手。

（3）不要立刻拒绝。听到对方请求后立刻拒绝，一般会让人觉得你对他有成见或者你是个不礼貌的人。

（4）不要带着负面情绪拒绝。凶狠地拒绝或是生气地拒绝都会伤害到他人的自尊心，同时会认为你是个脾气差、没有同情心的人。

（5）不要强硬拒绝。强硬地拒绝会让你看起来很无情，由于语气严厉，你很可能让对方难堪，从而视你为仇敌。

（6）不要傲慢地拒绝。没有人喜欢和傲慢无礼的人交朋友，当别人向你求助，你却表现得极为傲慢，会让身边的人一个个远离你。

（7）要委婉拒绝。谁都不是超人，当别人向你提出邀请或是向你求助时，如果你做不到，就要尽量委婉拒绝，比如说："你想邀请我明天去你家，可是我妈妈说明天要带我去奶奶家，我们下次再约时间好吗？"相信你的同学一定会理解你。

(8) 要面带笑容地拒绝。拒绝的时候，如果能面带微笑，会大大减轻或抚平对方的遗憾和不满，同时对方也能感觉到你的尊重和礼貌。

(9) 要善意地拒绝。如果对方的要求是不合理甚至对双方都没有好处的，就应该善意地拒绝。比如对方拉你去染发，你在拒绝的同时还应该提醒对方这样做的危害，让对方感觉到你是在为她着想。

(10) 要有代替地拒绝。如果对方的请求你做不到，你可以推荐一个能够帮助她的人，这样就算你拒绝了，对方也会感激你。

妈妈最想对你说的话

亲爱的女儿：

妈妈常对你说“助人为快乐之本”，你也常铭记在心。但就因为这样，我发现你越来越不懂得拒绝别人，有些事情明明已经超出了你的能力范围，但只要有人开口，你还是吞吞口水倔犟着答应了。

女儿，你知道吗，妈妈并不希望你变成委屈自己的烂好人。烂好人听着好听，实际上是懦弱和迎合的代名词，想一想，每次别人找你帮忙时，你真的感到快乐吗，别人真的会感激你的付出吗？

如果答案是否定的，那么妈妈希望你从现在开始学会拒绝别人。当然，我并不是教你冷漠无情，而是想让你在自己不想或是没有能力完成别人提出的请求时，要勇敢地拒绝。

希望你能真正地为了自己而生活，不要给自己增添过多无谓的负担。

——爱你的妈妈

为何会与闺蜜“绝交”

看着女儿气呼呼地把书包扔在沙发上，小脸通红，妈妈忙问道：“兰兰，你这是怎么了？”

“我和小敏绝交了，她不再是我的好朋友了。”兰兰抱着双臂坐在沙发上，言语很坚决，表情却流露出深深的不服气，小嘴嘟得老高。

妈妈看着忍俊不禁道：“呦，你俩才多大啊，就学着电视上搞绝交。你说说看，你为什么要和小敏绝交？”

兰兰委屈地看了妈妈一眼，抱怨道：“她说我很可爱，可爱得像头猪。”

妈妈听到这个，笑容更深了：“就为这个啊？”

“您不觉得她说的很过分吗？她说我像猪。”兰兰对妈妈不以为然的样子很是不满。

“可是我听到的是，她说你很可爱。”妈妈递给兰兰一只苹果，继续劝道，“小敏就是直肠子，想到什么就说什么。难道你忘了上个月你生病，是小敏给你补了一个星期的课。结果你的病好了，小敏却病倒了。”

经妈妈提醒，兰兰忽然想起小敏连续一个星期跑来给自己补课的事，后悔之情油然而生，她觉得自己白天的时候实在是太冲动了，才给小敏写了绝交信。

“可是我已经说了跟她绝交，我想她是不会原谅我的了。”兰兰没心思啃苹果，满脸的懊恼之色。

妈妈拍拍她的肩膀，安慰她道：“这有什么，你现在赶快给小敏打个电话，向她道歉。”

兰兰听完，犹豫了几秒钟后，快步走向电话旁，刚想拨电话，电话铃就想了。

兰兰被吓了一大跳，快速拿起电话，不满地朝电话喊道：“你找谁？”

电话很安静，兰兰刚想发火，却听到：“兰兰对不起，我是小敏，我不是故意说你是猪的。”

听到是小敏的声音，兰兰又惊喜又羞愧，说话声音都有些抖：“不，是我不好，是我太冲动，太小心眼了。我们还是最好的朋友是吧？”

“嗯。”电话那头传来了极为肯定的声音。

友谊是人们在交往活动中产生的一种特殊情感，是一种来自双方关系的情感，任何单方面的良好，不能称为友谊。友谊是幸福的源泉，社会学家指出，收入和社会地位不同的人之所以能有各自的幸福感，很大程度上是因为友情因素的存在。

对于青春期女生来说，友谊是不可或缺的。因为友谊的存在，可以让身边的快乐加倍、痛苦减轻，可以在孤独无助时得到朋友无私的帮助，也可以在紧张的学习中感受一起努力一起奋斗的快乐。

但是由于认知能力不强，有些女生在交朋友时会交到一些性格不好或是思想扭曲的朋友，因为毫无主见地跟从这些朋友行事，她们的生活和学习都受到了严重的影响。也有的女生，在身边的朋友无意侵犯到自己时，会冲动地想到绝交。

不管是好的朋友还是不好的朋友，在长期的交往中，总会有做的让自己不满意的地方。正因为如此，在对待朋友的问题上不能一刀切，应该因人而异做出不同的处理，一般来说得罪你的朋友大致可以分为以下几种：

(1) 感情较深的朋友。你身边一定会有和你一起玩耍过、学习过，曾默默帮助过你又不求回报的朋友。这样的朋友可以称得上是至交好友，尽管这样，她还是会在无意中说出伤害你的话或做出令你难以接受的事情。当这种情况出现时，你不能让愤怒控制自己的情绪，而是要心平气和地去跟朋友交流，告诉她你的内心感受。

(2) 不能交心的朋友。有些朋友下课时总是和你泡在一起，却不愿意跟你讲心事，在你感到无助时，她也不是第一个赶到你面前给你温暖的。对于这种朋友，如果她无意中伤害到你，你可以把心中的话当成玩笑说出来。

(3) 难以沟通的朋友。有些朋友常常和你一起参加活动，却因为想法不同总是和你意见相左，如果这种朋友不小心伤害到你，你可以找第三方来就你们之间的争执或不同意见做个评断。

(4) 性格不好的朋友。也许你身边会有这样的朋友，总是喜欢斤斤计较或者怂恿你做你不想做或者不应该做的事情。对于这样的朋友，就应该开诚布公地和她交谈，看能不能改变她。如果对方无视你的忠告，你就可以考虑彻底远离她。

妈妈最想对你说的话

亲爱的女儿：

看到你身边好友成群，妈妈从心底为你感到高兴。同时，我也很感激你的这些朋友，她们给你带来了快乐，教会了你怎样与人相处，怎样真诚地去帮助别人。

那天你跟我说，你要跟最好的朋友绝交，我不知道是什么原因让你如此生气，但是我看得出，你对那个朋友的感情还是很深的，要不然你也不会难过到吃不下饭。

其实，朋友之间发生摩擦是常有的事，在遇到矛盾时，如果你不能以一颗宽容的心去对待，你将永远留不住真正的朋友。所以，还是敞开你的心扉，把心中的不满和朋友说清楚，只要你们彼此有心，相信没有什么解不开的疙瘩。

女儿，希望你能了解，友谊像酒，越陈越香。祝愿你在漫漫人生长路上，总有知心的好友风雨相随，互相扶持，互相慰藉。

——爱你的妈妈

吸烟的危害有哪些

放学铃声刚刚响起，辰辰就飞似的奔出了教室。在学校外边的一个隐秘的长椅处，辰辰兴奋地点燃了一根香烟，看着一个个圆圆的小圈从自己嘴巴里吐出来，辰辰觉得自己就像是浑身散发着成熟魅力的妩媚女人，尽管她才15岁。

连续吸了三支烟后，辰辰才意兴阑珊地回了家。家里，妈妈已经将饭菜端上了桌。

“辰辰，你怎么看起来无精打采的，是不是生病了？”妈妈看到辰辰一脸疲惫，关切地问道。

辰辰说了句不想吃饭就匆匆进了自己的房间，丢下客厅里的妈妈莫名其妙。

“辰辰最近怎么了？看起来一直没什么精神。”辰辰爸爸放下报纸，朝辰辰妈妈问道。

“谁知道是为什么，他们班主任上礼拜还给我打电话了，说辰辰最近上课总是不能认真听讲，爱走神。”妈妈说完，无奈地叹了口气。

爸爸听完去敲辰辰房门，里面好像慌作一团，噼里啪啦不知道在干什么。

“你快开门啊，辰辰，爸爸要找你谈谈。”爸爸朝着房门说道。

过了大约半分钟，辰辰才慌慌张张地打开了门。

随着房门打开的瞬间，一股淡淡的烟味喷鼻而来，爸爸猛然间意识到什么，大步迈进了辰辰房间。环视一周后，他把目光定格在门口处的垃圾桶，垃圾桶里面正隐隐冒着青烟。

“你竟然抽烟！”爸爸火冒三丈地对着辰辰怒吼道。

看到辰辰嘟嘴没有任何悔恨的表情，爸爸气得扬起了巴掌，妈妈见状赶紧拦在了两人中间，转头对女儿说道：“辰辰，你不是最爱漂亮的吗？你看看你现在抽烟都把自己抽成什么样子了，脸上一点生气都没有，黑眼圈比妈妈都重。”

辰辰听完不服气地去照镜子，她不相信吸烟会影响到她的容貌。看到镜子里那张泛黄、干涩、黑眼圈浓重的脸，辰辰吓了一大跳。

“吸烟不是让人看起来更有魅力吗，怎么会变成这样？”辰辰瘫坐在床上，神情沮丧。

爸爸妈妈面面相觑，叹息着错误观念害死人。

日渐增长的自主意识使青少年喜欢用批判的眼光来看待周围的事物和现象，尽管吸烟有害健康的论述已经是尽人皆知，但是这方面的宣传越多，他们心理上就越叛逆，越是对烟草充满好奇，这种好奇心驱使他们开始尝试吸烟。同时，青春期少年情绪大多不稳定，身体、学习、生活带来的种种压力很容易导致他们心理失衡，从而急需要找到其他排遣方式。这时，吸烟就成了一种直接、方便的途径。

众所周知，香烟是人类健康的杀手，尤其是对女生，它会潜移默化地让花季女生失去原本鲜艳的青春。具体来说，吸烟对青春期女生有下列危害：

（1）慢性毁容。香烟中的尼古丁会破坏人体皮肤胶原，使皮肤变得更干涩多皱纹，发质变得奇差无比。吸烟还会阻碍血流，它一方面会使毛细血管萎缩，导致毛孔变大；另一方面使眼部周围因血液无法供应充足的氧而导致黑眼圈。此外，抽烟者的牙齿会因吸烟染上颜色，很难变白，还会造成口臭。总体来说，吸烟会使女性看起来比实际年龄老5岁。

（2）影响形体。吸烟会造成雌激素的减少，从而使女性的第二性征得不到发展，导致胸围变小。

（3）诱发疾病。心脏病：女性吸烟者患癌和心肌梗死的危险大大高于男性，并且吸烟妇女心脏病发生率为非吸烟妇女的4倍。呼吸道疾病：可导致慢性支气管炎、肺气肿。肺病：女性吸烟更容易产生肺部癌变，患肺癌的危险是男性的1.5倍。胃肠病：吸烟会导致胃酸分泌增加、抑制胰腺的分泌，从而使酸负荷增加，诱发溃疡。眼睛疾病：可导致血视网膜病变，增加患白内障的可能性。

（4）降低生育能力。长期吸烟可使性趣及生殖能力降低，抽烟的女人比不抽烟的女人少了约50%的受孕机会。此外，吸烟还容易造成女性流产、早产等，并使女性更年期和绝经期提前。香烟中的尼古丁还会抑制女性荷尔蒙的分泌，破坏体内某些酶，推迟女生月经来潮，引起月经紊乱及痛经等。

（5）造成精神紊乱。很多女生吸烟是因为它的提神作用。吸烟确实可以提神，但这只是暂时的，一旦吸烟久了，会让人看上去疲惫不堪并导致睡眠质量下降。此外，吸烟过久会抑制人的中枢神经，长期的神经抑制会使女性易怒、胡乱猜想、走极端。

（6）可以直接毒杀生命。科学家曾做过这样一个实验：往一匹肥壮的牛身体里注射8滴尼古丁，牛很快死亡；往小白鼠的身体里注射不到1滴尼古丁，小白鼠会立刻奄奄一息。

由此看来，青春期女生吸烟其实就是一种慢性中毒行为。吸烟对人体健康来说有百害而无一利，一定要远离。

妈妈最想对你说的话

亲爱的女儿：

随着你慢慢长大，爸爸妈妈对你也越来越放心不下。现代社会的诱惑越来越多，一不小心，你就可能陷入错误观念的泥潭。

听说你们班上有人迷恋上了吸烟，对于这个问题，我希望你能明确立场，果断地远离香烟。香烟可以说是危害人类健康的一大杀手，一旦沾染上，就会给身体健康造成难以弥补的损伤，更何况你现在还处于青春期。青春期女生，身体还未发育完全，吸烟会一点点影响你的发育、侵蚀你的健康，从而让你的生活逐渐变得灰暗。

妈妈希望你能坚定自己的意志，不要因为贪图一时的刺激而给自己的生活埋下隐患。

——爱你的妈妈

喝酒的危害有哪些

一天，姗姗放学回家，刚推开门，浓重的酒气便扑鼻而来。爸爸妈妈都还没下班，怎么会有酒气传出？她捏着鼻子疑惑地往厨房望去，原来是家里的小花猫从窗户上跳下来时，碰翻了窗沿上的酒瓶。

这只调皮的猫，姗姗一边念叨着一边找扫把。清扫垃圾时，姗姗心中突然升起一团好奇心。她从未喝过酒，很想知道这酒到底是什么味道。

于是，她打开冰箱，取出一罐啤酒，咕嘟咕嘟地一口气喝了一大半。喝完，姗姗并没有什么特殊的感觉。她想到前些日子妈妈从外婆家拿来的杨梅烧酒，又从柜子里翻出那瓘酒，先是用小勺子舀了一点，轻轻抿了口，酒水入肚，她顿时觉得有东西在胃里燃烧，很刺激很过瘾。于是她又拿起大汤匙大口地喝了几勺，直到她感觉两颊隐隐发烫才罢手。

之后，姗姗晕晕地摸到自己房间，倒头大睡。当她醒来时，已经晚上8点钟了，正好妈妈在客厅喊她吃饭。

“姗姗，冰箱里的啤酒是你喝的吗？”饭桌上，妈妈突然问道。

姗姗就把小猫打碎酒瓶，自己好奇喝了点酒的事情说了出来。

“一个女孩子家怎么学男人喝酒？以后可要注意啊，尤其是在外面，可不能喝酒。”妈妈轻声教训道，并没有很严厉。

爸爸一向大喇喇的，他笑着对妈妈说道：“咱家女儿这是遗传了我的好酒量，没事，只要注意不酗酒就行了。”

爸爸妈妈都没有特别反对，这让姗姗越发觉得喝酒并不是什么大不了的事。之后每逢同学过生日或是好友聚会，姗姗都会鼓动大家喝酒助兴。

几个月后的一天，姗姗妈妈刚刚回到家，就接到了姗姗同学打来的电话，原来姗姗因饮酒过度竟然昏了过去，还好及时送到了医院，并没有导致严重的后果。这消息让姗姗妈妈痛心不已，她没有想到因为自己的一时姑息，竟然给女儿的健康带来了危害。

把虚弱的女儿从医院接回来后，爸爸妈妈准备了一冰箱的新鲜蔬菜和水果，打算给女儿调理身体。看着进进出出不停为自己忙碌的父母，姗姗悔不当初，在心里暗暗发誓一定不再轻易饮酒。

近些年来，青春期女生饮酒的现象与日俱增，在大量不良信息的影响下，很多女生认为饮酒并不是什么大不了的事情。她们会觉得喝酒可以改善心情，提高自信，还可以使自己看起来成熟和神秘。就是在错误的观点引导下，这些女生的健康受到了损害。

研究表明，女性每天喝酒超过一杯就有可能对身体产生危害。这些危害包括因酗酒而引发的高血压、胃痛、失眠、乳腺癌等病症，也包括自杀、意志消沉、精神恍惚等现象。哥伦比亚大学国家毒瘾症及滥用药物研究中心的主管苏珊·福斯特说：“一瓶酒对女孩子的危害相当于两瓶酒对一个男孩子的危害。所以对那些想和男生酒量一样大的女生来说，她们会承担更糟的后果。”

此外，青春期女生饮酒更容易引起酒精中毒。一方面，因为女生平时不经常饮酒，身体对酒精很难适应，一旦在短时间内大量食用酒精，就会受到猛烈刺激。另一方面，女生一般都是和同学聚会的时候才喝酒，为了不在同学面前丢面子，会强迫自己一直喝下去，这样就导致了酒精中毒。一旦酒精中毒，就会损害人体中枢神经系统，使大脑的抑制功能减弱，记忆力减退、辨别力、集中力、理解力明显下降；会抑制胃液分泌、刺激胃黏膜，使其患上慢性胃炎；会引发肝硬化、心肌梗死、卵巢萎缩、月经不规则及不育症等。酒精中毒严重的，会呼吸困难、昏厥休克，甚至会双目失明或因肝功能衰竭而死亡。

由此可见，饮酒会对青春期女生造成很严重的危害，青春期的你一定要杜绝饮酒。如果你不小心饮酒过量，就要及时对身体进行调理，调理方法具体如下：

（1）多吃含蛋白质丰富的食品。从保健角度来说，酒的醇度越高，越要吃动物性蛋白质丰富的菜，这也是饮酒的一个窍门，市场上出售的保肝药中就含有蛋氨酸和胆碱成分。

（2）多补充维生素。实验结果显示，即使很少量的酒精也会影响正常人的短期记忆能力。长期酗酒的酒徒因为维生素B_1不足，会患严重的健忘症。

（3）多吃蔬菜。酒和肉都是酸性食物，喝完酒后如果能吃些呈碱性的蔬菜，就可以中和酸性，从而减轻肝脏的负担。

（4）多吃水果。多吃葡萄、柚子、西瓜、香蕉等水果，既可中和酸性，水果中的糖分又能促使酒精在体内燃烧，从而减少其对肝脏的毒害。

（5）酒后喝淡盐水。酒精有利尿作用，能将盐分随尿排出。为补充体内盐分的损失，饮酒后的第二天清晨，最好喝一杯淡盐水。

（6）喝蜂蜜水。美国国家头痛研究基金会的研究人员指出，蜂蜜中含有一种特殊的果糖，可以促进酒精的分解吸收，减轻因饮酒引起的头痛症状。另外蜂蜜还有催眠作用，能使人很快入睡，并且第二天起床后也不头痛。

（7）喝杯酸奶。酸奶是蒙古人独有的解酒秘方，当他们饮酒过多时，就喝酸奶，酸奶能保护胃黏膜，延缓酒精吸收。

妈妈最想对你说的话

亲爱的女儿：

你说你最近总是头痛并且记忆力下降，我本来以为你只是学习太累了，后来我才知道你迷上了喝酒。

对于成年人来说，喝酒尚能伤身，何况你是身体没有发育完全的小女生。喝酒不仅会影响到你的精神状态，还会让你患上肝、胃、心血管等疾病。如果喝酒没有节制，可能会导致不孕不育、卵巢萎缩。

你说，饮酒可以美容，这个，妈妈要纠正你，适当的饮用红酒是会起到一定的美容效果，但过度饮用就是毁容了。而且红酒美容是针对成年人而言的，作为青少年，你还是应该远离酒精，多参加一些与酒无关的活动，比如看电影或是进行体育锻炼。

希望女儿能早日认识到酒精的毒害，做一个身心健康的新生代青少年。

——爱你的妈妈

上课怎么变成了瞌睡虫

眼皮越来越重，脑袋四周好像有很多星星在旋转，受不了了，好想回到床上美美睡一觉。小卉努力地用胳膊支撑着脑袋，还是抵制不住一波接一波袭来的困意。

“小卉，小卉，老师叫你呢。”突然感觉到有人在拍自己的胳膊，小卉一个激灵清醒过来。她迅速站起来，因为模糊中听到了老师这两个字。

“唐寅是哪个朝代的？”老师沉稳的声音从讲台上传来。

小卉的惊吓感还未完全退去，听到唐寅和朝代两个词，脱口而出：“唐朝。”

话音刚落，同学们都哄堂大笑起来。

小卉面露尴尬，突然想到唐寅不就是唐伯虎吗，亏自己看过那么多关于唐伯虎的电影和电视剧，竟一时忘记了唐伯虎是明朝人。在老师未发怒前，她赶紧改口道：“我说错了，是明朝。”

老师没有多说什么，只是嘱咐了几句让她上课好好听讲。

看着自己顺利过关，小卉悬着的心总算放下。课上到一半，小卉的眼皮又开始打架，这万恶的下午，讨厌的瞌睡虫，怎么就缠上自己了呢？小卉拧拧自己的手臂，尽量让自己精神起来。

不经意间，小卉一扭头，发现后排很多同学都跟自己一样恹恹欲睡。大家这都怎么了，是老师讲课太枯燥还是都被瞌睡虫缠住了？

下课后，小卉问身旁的珍珍："珍珍，你上课都不会打瞌睡吗？"

珍珍伸伸懒腰，答道："我不困，因为我有法宝。"说话间，珍珍从书包里掏出了清凉油还有一大盒脱脂酸奶。

"你靠这些东西提神？"小卉很好奇。

"这些是能帮助我抵抗疲劳，但是我之所以比你精神，最主要的还是因为我晚上睡得早，不像你，每天晚上看小说看到那么晚。"说着，珍珍打开酸奶就要喝。

小卉一把抢过来："看来我要向你学习了，天天被瞌睡虫纠缠的滋味不好受啊。"

珍珍看到美食被抢，一脸无奈，这个小卉，总是需要人照顾，看来以后要多担待她才是。

一项最新的研究显示，青少年学生上课打瞌睡有两个方面的原因。一是看电视总是看到很晚，从而导致睡眠不足。二是他们的生物钟与日间的活动不能配合，从而导致大脑缺氧。

如果是睡眠不足，问题就比较容易解决，只要保证充足的睡眠，瞌睡现象就会消失。总体来说，现在的小孩都有睡眠不足的情况。从理论上说，青少年应当保证8～9小时的睡眠。但是因为有些孩子晚上要练琴、学画、玩电脑或看电视，导致他们比大人睡得都晚，从而引起上课打瞌睡的现象。

但是如果因缺氧导致瞌睡的话，那就要锻炼身体了。如果你前天晚上睡得很晚，第二天早晨可以去操场跑几圈，并利用课间时间小憩一会儿，这样上课时就会变得有精神。

中医古书早有记载，脾胃之虚，怠惰嗜卧。夏天嗜睡，因为暑热耗伤元气，有损精神；冬天如果经常嗜睡，表示身体阳气不足或脾虚湿热。现代医学研究表明，那些好动脑、思虑多、睡眠不正常以及饮食不规律的人，往往伤及脾胃。脾胃功能欠佳时，气血就会不足，从而导致脑部供氧不足、易昏沉嗜睡。

由此可见，嗜睡和脾胃不好也有关系。除了药物外，脾胃也可以通过饮食来调理，脾胃调理好了，就可以起到为大脑供氧的作用。可以调理脾胃，给大脑供氧的食物主要有：

（1）麦片。研究发现，早餐中多食纤维含量高的食物如麦片，就不会有饥肠辘辘的感觉，并且会令人精神饱满。

（2）胡萝卜。常吃胡萝卜可以促进大脑的新陈代谢，提升记忆力。

（3）菠菜。女性每日摄入的镁如果少于280毫克，人就会感到疲乏。而菠菜中含有丰富的矿物质镁。

（4）洋葱。可以消除大脑和心理疲劳，改善大脑供氧。

（5）芹菜。可以增加大脑活动，刺激神经系统。

（6）脱脂酸奶。研究表明，多吃含钙丰富的食品如脱脂酸奶等，可以明显改善妇女经期前后乏力嗜睡的情况。

（7）草莓。草莓含有丰富的维生素C，常吃可以使细胞获得滋养，使人精力充沛。

妈妈最想对你说的话

亲爱的女儿：

最近你总是跟妈妈抱怨说，每当白天上课时就会犯困、打瞌睡。那你记不记得，每次妈妈劝你早点睡觉，你总是抱着你的漫画书说再看会儿。妈妈劝你睡前喝杯热牛奶，你总是嚷嚷着不喝不喝。

之前妈妈觉得你非常不懂事，但是看过一篇报道后我明白了，处于青春期的青少年，睡觉不定时和你们体内的荷尔蒙分泌有关。你们体内控制睡眠与清醒的褪黑激素在运作时不像成年人或小孩那样稳定。因此，要求你们这些14岁左右的青少年与家庭的其他成员在同样的时间就寝，而且在第二天上课时保持绝对清醒是不现实的。

妈妈不会要求你每天上课时都精神抖擞，但是我希望你每天晚上都能早点关掉电脑，早点躺在床上，这样有助于你早些入睡。只有早睡早起，才能保持精力充沛。

另外，妈妈还可以教你三种通过按摩手部穴位来赶走瞌睡的方法。

方法一：左手前伸至胸部，右手大拇指与食指垂直夹住左手大拇指指甲两侧的凹陷处，轻轻揉捏一分钟后换手操作。此法可以减轻疲劳引起的头痛不舒服，有助于醒脑提神。

方法二：身体正坐，伸出双手并使四指并拢，用手指指腹从眼角处向太阳穴处移动，持续按摩三分钟。此法可以促进大脑的血液循环、缓解疲劳。

方法三：左手前伸至胸部，右手大拇指按压于左手大鱼际处，按揉一分钟后换手操作。此法可以增强脾胃功能，避免恹恹欲睡。

——爱你的妈妈

为什么忍不住想照镜子

冰冰是一个活泼开朗的初二女生，之前总是在七点起床，但是最近，她把起床的时间提前了，原因就是她迷恋上了照镜子。

以前每天起床，她都是匆匆的在镜子面前梳理梳理头发，但是现在，她却要花上很长时间打扮自己，先是把擦脸的东西往脸上细细地抹开，然后把护发的东西涂在头发上，用吹风机一层一层地吹；头发吹好后，她还会喷上定型啫喱；最后，她又不放心地拿着镜子左左右右端详一番，看到再没什么瑕疵，才肯离开。

一天，冰冰妈妈接到冰冰老师打来的电话。老师告诉她："这两天上课时，冰冰总是不认真听讲，好几次走到她身边，都看见她拿着小镜子在照。眼看就要期末考试了，冰冰可是班上的学习委员，我不想她因为爱美耽误了考试……"

冰冰妈妈听完惊讶不已，她确实发现冰冰最近比较爱美，但是没想到竟然在课堂也会不停地照镜子，她决心要想个办法摆正女儿的心态。

当天冰冰放学回到家，妈妈将一个包装精美的盒子递到她手上。一脸惊诧的冰冰打开盒子，看到是一面镜子。

"妈妈。你为什么要送我镜子？"冰冰感到很不解。

"你拍手看看。"

"拍手？"不明就里的冰冰虽然不知道怎么回事，但还是照妈妈说的拍了两下巴掌。

随着巴掌声响起，冰冰的嘴巴张成了O形，她看到镜子上竟然显示出了时间和日期。

"这是时间镜子，也是声控闹钟，只要有声响，它就会显示时间。"妈妈看了眼冰冰，接着说道："妈妈希望你，不要把所有时间都浪费在照镜子上，一寸光阴一寸金，真的想留住美丽留住青春，就应该珍惜时间，不要让它轻易在你手中溜走。”

冰冰这才明白妈妈的意思，她恍然大悟地捧着这面时间镜子，眼神慢慢变得坚定。

爱美是女人的天性，对于花朵一般的青春期女生来说，不仅喜欢把自己打扮得漂漂亮亮，还热衷照镜子。 照镜子是孩子进入青春期的一个比较典型的行为，但不同家长在这件事情上却有不同的处理方法。有的家长视而不见，一切按孩子的意愿来，不限制孩子什么时候照镜子、照多久的镜子，也不在意孩子是否过于注重自己的衣着、发型。直到孩子因此而成绩下降、思想走偏时，家长才给以重视，不过此时最佳的教育时机已经错过了。也有的家长一看到孩子照镜子，就加以指责，好像孩子做了多么不光彩的事情一样，这样反而会激起孩子的逆反心理。其实，家长在发现孩子照镜子过于频繁这一行为时，应该加以正面的引导，要和孩子多商量。

本来，爱美并没有错，但凡事都要有度，爱美过了度就会影响到学习、正常娱乐，这对还在读中学的女生来说就是因小失大。

有些女生为了漂亮甚至想到要节食减肥，不吃饭或是吃很少。这样，就和父母产生了矛盾，因为父母会说：“孩子，我要你吃饭。”但是孩子会说：“不，我要变漂亮。”其实，父母和孩子都没有错，只是立场不同，需求不同。作为孩子，应该理解父母，毕竟父母只是在意你的身体健康，希望你能顺利成长，而且父母是过来人，比你更知道什么是对什么是错，也许他们处理事情的方式让你很反感，但这不能成为你叛逆的借口。

如果你想保持体形，可以多吃低热低糖少油的食物，而不是拒绝吃饭。况且，饮食并不是解决体形问题的最佳选择，只有通过体育锻炼才能真正达到调整体形的作用。

也有些青春期女生，她们热衷于照镜子并不是因为爱美，而是一种不自信的表现，因为不自信而导致照镜子等强迫性习惯动作出现。由于家庭、自身等原因，并不是每个女生在青春期里都能得到家长、老师的疼惜和保护，总是会有人因为父母的厌恶、老师的嫌弃而一点点变得自卑、怯懦，这些女生在得不到别人疼爱的境况下，会借助于其他工具来填充自己的信心。比如有些漂亮却不受家人、同学喜欢的女生会喜欢照镜子，她们会对着镜子中的自己说：“我怎么就一无是处了，我很漂亮，别人都比不过我。”这其实是一种心理暗示，一种自我安慰。对于这样的女生，是需要给予关爱的，不要让她们的自卑、自恋变成一种心理障碍。

妈妈最想对你说的话

亲爱的女儿：

那天看着你捧着一面小镜子照了很久，妈妈终于忍不住走过去对你说“我的女儿长大了，知道注意自己的形象了。”

你对我的突然出现有些吃惊，我看你脸都红了，你当时应该很害羞吧？

妈妈今天要给你讲一个故事。

那是我小时候的故事，故事的主角是一个爱照镜子的小女生，她叫小曼，我初中时最好的一个朋友。小学时我们就在同一个学校同一个班，她比我漂亮，成绩总是比我高一个名次，六年来每次都是她第一，我第二。

我俩到了同一所初中后，仍然是一个班，第一次期末考试，还是老样子，她第一，我第二。虽然她是我最好的朋友，但是我不想输给任何人，所以在这之后更加拼命地学习。可是，渐渐地，我发现小曼变了，以前上学，她总是来得很早，后来却一天比一天晚，课间休息时，也不再和我讨论习题，而是向我展示她的小镜子、小梳子还有一大堆发卡。看到小曼总是在课堂上偷偷照镜子，我提醒过她很多次，不要因为这个耽误听课，她每次都只是笑笑，跟我说没关系，她有聪明的脑袋。

时间过得很快，转眼我们初二了。当升级考试单发下来的时候，我不知道该惊喜还是难过，我不再是第二，小曼也不再是第一，那次，我终于考了第一，而小曼则落到了第九。看着有些落寞的小曼我想劝她，又不知道说什么。

时间还在向前赶，但是小曼好像没有从失利中回过神来，我还是会经常看到她在课堂上照镜子，这种状态一直持续到中考前。命运不会姑息谁，当班上前十名的同学都考上重点高中时，小曼却只考上一所普通高中。发榜那一天，我看她含着泪狠狠地将一面镜子丢进了垃圾桶。

我知道听完这个故事你会明白妈妈的意思。其实，妈妈也希望你漂漂亮亮的，但是在你这个年龄，如果过多的把时间放在自己的形象上，势必会失去更重要的东西。

最后，妈妈要对你说，好好珍惜时间，珍惜学习的机会，只有把现在该做的事做好，美好的明天才愿意迎接你。

——爱你的妈妈